擘雅文丛·01

主　编　刘瑞旗　卓新平
执行主编　李政阳　梁建华

文化是习惯

CULTURE IS HABIT

刘瑞旗 著

中国大百科全书出版社

图书在版编目（CIP）数据

文化是习惯 / 刘瑞旗著 . — 北京：中国大百科全书出版社，2023.3
ISBN 978-7-5202-1301-1

Ⅰ . ①文… Ⅱ . ①刘… Ⅲ . ①文化理论 Ⅳ . ① G0

中国国家版本馆 CIP 数据核字（2023）第 036857 号

出 版 人	刘祚臣
策 划 人	曾　辉
责任编辑	邬四娟
责任印制	魏　婷
装帧设计	天下书装
出版发行	中国大百科全书出版社
社　　址	北京阜成门北大街 17 号
邮政编码	100037
电　　话	010-88390969
网　　址	http://www.ecph.com.cn
印　　刷	北京天工印刷有限公司
开　　本	880 毫米 ×1230 毫米　1/32
印　　张	9
字　　数	189 千字
印　　次	2023 年 5 月第 1 版　2023 年 5 月第 1 次印刷
书　　号	ISBN 978-7-5202-1301-1
定　　价	79.00 元

本书如有印装质量问题，可与出版社联系调换。

引 言

文化是什么？通俗而简单地说，文化是习惯。无论好坏，习惯所创造的一切被别人所记忆的就是品牌。

二十多年前我们曾编过一个顺口溜：美国是休闲制造、英国是经典制造、德国是精密制造、法国是浪漫制造、意大利是创意制造……这是当时的品牌留给世界人民的记忆，这背后其实是每个国家与地区的文化在起决定性作用。文化，就是要立得住、传得开、留得下！

文化从哪里来？我们认为，一个区域、组织和个人的文化的形成主要受到天、地、人、信仰和制度的影响。天、地是形成文化的自然属性，信仰和制度是形成文化的社会属性，自然属性和社会属性叠加，形成并影响人性。在历史的进程中，基于自然属性、社会属性和人性，逐渐形成了人们的习惯，形成了文化。

文化为主导的时代已经到来。

了解文化，才能了解命运；掌握文化，才能掌握命运；改变文化，才能改变命运。

在我看来，科技是生产力，品牌是生产力，文化是生产力！未来不仅是外在信息的联网，更是人与人之间、心与心之间、思想与思想之间的全面互通，每一个人、组织和区域的文化个性都将得到充分体现和跨界链接。

人类命运共同体，不是让大家变得一致，而是相容、相溶、相融。要努力去找到一种路径，一起创造人类未来更美好的生活方式，真正实现人类命运共同体！

序　言

　　"文化"作为人类存在最基本的形式和最典型的特征,是思想家讨论得最多的话题,也是普通民众最熟悉的术语。但当人们问起"什么是文化"时,其回答却极为复杂。在中外学术界,关于文化的专著已不计其数,而学者们对于"文化"的定义或解读也是众说纷纭、多种多样,这样的探讨且仍在延续。显然,"文化"问题不仅是哲学家们的玄奥之思,也触及普罗大众的灵魂所依及其生存发展的内在规律。于此,"文化"作为社会存在现象,也正是人性的普遍表现。

　　哲学上关于"文化"的定义,一般是将文化视为人类社会团体共同思维特征、存在方式的展示。文化作为人类在社会历史发展过程中所创造的物质财富和精神财富,为人类文明奠定了基础、提供了素材。文化即构成人类"化成天下"的"人文"。这种社会现象最典型地描述、记录了人类在各种自然及社会环境之生存中所形成的传统、达到的共识，并以相应的思维方式、价值观念、生活习俗、行为规范、艺术创作、科技发明等生动、丰富地表现出来。

不过，刘瑞旗先生以其实践者的经验、企业家的敏锐而曲径通幽，简明精练地回答了"什么是文化"的问题："文化是习惯。"这一言简意赅之答揭示出"文化"乃人类生活的智慧、生产的潜因，生命的动力，生存的奥秘，体现了"大道至简"的境界。以其"干在实处"的睿智，刘瑞旗先生总结出"文化是习惯，品牌是记忆"这一来自实践体悟、充满哲理妙思的名言。其创立品牌的经历，正是对文化真谛的把握。"人们对习惯的认识，即人们对理解、了解、看到、听到、感受到的习惯的记忆就是品牌，所以我把品牌称为文化的载体。"这样，刘瑞旗先生将品牌与文化巧妙而有机地连接起来，品牌建设即一种非常独特且富有意义的文化建设。

当然，文化并非某种封闭性的习惯，而是在人类不同群体之间相互交往、交流中形成，并以某种相对固定的模式而得以传承和发扬。此外，文化也不仅仅停留在某种简单的习惯及习俗之中，而是以人类精神所积累的经验、达到的感悟来不断提高、不断升华，由此而成为人类智慧的结晶、发展的动力。

从文化的回溯与前瞻来看，一方面，文化是人类在长期认识自然、改造自然的过程中所积累的经验、形成的习惯，逐渐而有其"习惯成自然"的模式；另一方面，文化也是人类在不断自我体认、自我革新的发展过程中提炼而出，具有指导生活、引领方向的典型意义，可以保障人类面向未来的持续发展。这一帮助人类生存发展的精神智慧乃有其"具象"的呈现，以此形成的惯例、常识、习性等就不只是率性而为，其中有着丰富的历史经验、深刻的观察洞见、敏锐的思想考量和实效的技巧积累。

这样，文化作为人类生存所积淀而成的习惯，也会得到其升华的模式，即以相对抽象的语言文字、图像符号、经济类型、社会制度、精神产出来表达，具有系统性、整体性、关联性、有机性和规律性，故不再是纯粹的原生态习惯，而是一种升华的创新性习惯，反映了生存经验的积累、人生智慧的结晶，并由此共构为群体意识、社会共见、传统习性、风土人情、生活方式、精神意向、审美情趣、哲学思辨、价值判断、信仰追求、艺术表现、法律制度、伦理规范、道德公约、公共常识等。

在此，刘瑞旗先生看到了文化的普遍联系及其复杂交织。"在对文化与习惯的探索过程中，我们发现，一个国家、民族和个人的文化的形成主要受到天、地、人、信仰和制度的影响。天、地是影响人的自然属性，信仰和制度是影响人的社会属性，自然属性和社会属性的影响综合在一起，会影响'人性'。在历史的进程中，基于自然属性、社会属性和人性，逐渐形成了人们的习惯，形成了文化。"而这种普遍关联使刘瑞旗先生对文化有一种外在的审视和内在的观察。外在的审视即这种天、地、人、信仰和制度对文化的影响及铸就，而内在的观察则可以发现文化以思维、社会、工作、生活及娱乐习惯的表达及阐发。其多元性、差异性、内在外在及其时空经纬在"文化"这一呈现上融贯统摄、共构一体。这里实际上已经论及文化的物质、制度和精神层面，以及文化的显性或隐性之所在。

古今中外对"文化"的理解都体现出这种"天人"关联及其变易发展。在整体性交织共构中变动、创新，则正是文化的秉性。《易经》对"文化"如此解释说："刚柔交错，天文也；文明以止，人文也。观乎天文，以察时变；观乎人文，以化成天下。"(《贲卦·彖辞》)

"天文"在此指动态的自然现象，其变易流动、多姿多彩、矛盾冲突、对立统一，表现为人类所观察到的自然"对言"或"对立"的"统一"与"共构"，如阴阳、刚柔、正负、对错、东西、方圆、雌雄等两极之间的张力，以及其对立交互作用而形成的共构、整合。这里，"天文"好似人对自然的神秘交感而体悟到的"天意"。但"天文"又不仅仅是外在的客体，而更是人类主体所观察到的现象世界，故还有人的认知习惯之蕴涵。在其对比中，"天文"即"天道"，为自然规律之找寻；"人文"则乃"人伦"，即社会规律之发现。

"人文"则更体现为人之主体所参与的认知活动及其内化内蕴，即人在认识世界之基础上对世界的改造、变动，因而也更有主客体的交织，尤其体现出主体的能动性。"人文"的进程使人从满足其生存的物质文化而升华为体现超越的精神文化，发展出各种具有礼仪形式、表达精神象征的活动。于是，人类存在的世界不再仅仅是周边环境之物质世界，更有"学以成人""人文化成"的精神世界。

"文化"关键词之"文"乃指多元共构的一切现象或形相。"物相杂，故曰文"（《易经·系辞下》），是多向性的构成，"五色成文而不乱"（《礼记·乐记》）。"文"就是多因素交叉、交错的共构现象，多元一体方成"文"，具有"经纬天地"（《尚书·舜典》）的涵括。"文"乃发展、进化、提升之动态，"以进为文"（《礼记·乐记》），由此成为真、善、美、德之表达。这一含义使"文"之"化成"达至"圣化""神化"。

"化"则更有动态、动感之意蕴，即变易、改动、生成、造化为"化"，由变化、演化、进化而达到"万物化生"（《易经·系辞下》）之境。人类文化的形成及体现就是"赞天地之化育"（《礼记·中庸》）。这种"化"中有客体、主体之改造。当然，对客观世界需要改造、改变；对主观世界则有必要"孕育""教育"，以达"教行迁善""以文教化"，形成"文德"之结果。"人文"于此比"天文"则多于其物质理解，而转向人的内心精神和气质的修养、培育。而西文之"文化"（culture）一词也是源自耕耘（拉丁文 colore）、培养及训练。中西文化于此似有异曲同工之共鸣。

总之，"文化"是一切经人为力量加诸自然世界之上所取得的成果，即为一切"人文"产品的总和。人的主观能动性成"文"而

"化"，习为定式。这种"加工"遂形成习惯、记忆和品牌，造就出文化。因此，"文化是习惯"乃人类精神的灵动，是"赞天地之化育"而达到的一种巧夺天工的涵化和造化。人的"习惯"成"文"，达至"化"境。

　　是为序。

卓新平

中国社会科学院学部委员

目　录

Chapter 1
品牌是记忆，文化是习惯

Ⅰ 品牌与文化探索	002
Ⅱ 文化力支撑品牌化运营	013
Ⅲ 以品牌为导向的质量文化	017
Ⅳ 未来的机会在文化	028

Chapter 2
了解文化，了解命运

Ⅰ 区域文化个性探索	034
Ⅱ 建设国家品牌，提升文化软实力	043
Ⅲ 研究历史，创造历史	052
Ⅳ 文化护航国家命运	055
Ⅴ 文化多样性与中国特色	064

Chapter 3
恒源祥的"羊文化"

Ⅰ 恒源祥的文化基因	072
Ⅱ 和谐是恒源祥联合体发展的主旋律	081
Ⅲ 企业文化的"狼羊之辩"	090
Ⅳ 用逆向思维破局	093
Ⅴ "半成品"思维	103
Ⅵ 要想真富有,先建好文化	108
Ⅶ 什么是工作到位	112
Ⅷ 文化习惯与内部创新和创业	121

Chapter 4
文化赋能,成就品牌

Ⅰ 与谁同行	132
Ⅱ 四大习惯赋能个人,成就品牌	146
Ⅲ 读书成就个人,锻造优秀品牌	153
Ⅳ 涵养静气,提升底气	158
Ⅴ 梦想值多少钱	166
Ⅵ 在"自找苦吃"中前行	172

Chapter 5
改变文化，改变命运

I 文化不变，一切都不会变	182
II 只有变革，才能突破危机，赢得更大胜利	191
III 文化的转型是根本转型	200
IV 以不变应万变，以万变求不变	204

Chapter 6
品牌树根，文化立命

I 文化消费体验时代	216
II 赢得未来——以文化的状态存在	220
III 文化立命，事业永续	228
IV 从"知"到"道"	236
V 情感"心时代"	240
VI 文化是品牌基业长青的根本	244
VII 需要未来，知道未来，创造未来	249
VIII 唯有历史不可复制	254
IX 坚定文化与品牌道路，向全球化品牌奋进	262

®

- 品牌是记忆，文化是习惯，品牌是文化的载体。
- 我们纯粹是打造品牌而不是打造产品品牌。
- 一个国家、民族和个人的文化的形成主要受到天、地、人、信仰和制度的影响。
- 改变文化才能改变命运。
- 品牌是资产，是财富，是一个国家的名片。
- 质量是产品的基石，品牌则是产品实现财富的高级手段。

Chapter 1

品牌是记忆,文化是习惯

I 品牌与文化探索

开展品牌文化研究

● 品牌与文化探索初衷及进展

在一个卖毛线企业的成长过程中，我们感觉到：过去是不知不觉地在做品牌，且运用文化的方法做品牌，使企业总算没死掉，所以就想用更多的时间去对"什么是文化、什么是品牌、文化哪里来、品牌哪里来"开展探索，从而让我们对品牌、对文化有一些先知先觉，然后制定好的方法去实践。当然在做探索的时候，我们不是简单地去为恒源祥公司做这个概念，而是希望这个概念能放到社会上通用。这块研究我们是从 1997 年对国外两个品牌——飞利浦公司和宝洁公司的研究开始的。为什么从这两家公司开始呢？因为这两家公司一家是单品牌公司，一家是多品牌公司。

飞利浦是单一品牌的，宝洁公司是多品牌的，所以当时我们的第一个研究是：恒源祥未来的发展是单一品牌还是多品牌？第二个研究就是"恒源祥21世纪战略蓝图"，是我们2001年开始做的，花了两年时间，当时确立的是什么呢？——恒源祥在21世纪应该用什么样的战略来发展品牌。

自此以后，我们就开始慢慢对品牌进行多范围的课题研究，包括对多感官品牌的研究。我们第一期课题正式启动的一个大的项目是在2010年和科技部合作的"国家品牌战略问题研究"，不是主要研究中国品牌的发展，而是站在全球的角度来研究世界大国是怎么来做品牌的。第二期课题是"国家品牌和国家文化软实力研究"，因为品牌研究越深入就越离不开文化，所以我们就把文化课题研究和品牌课题研究并驾齐驱了。第三期课题研究专注在文化角度，就是国家文化是怎么形成的，或者叫文化是怎么形成的。到目前为止已经做了四期报告。这些报告我们不是聚焦在恒源祥，也不是聚焦在中国，而是从全世界的角度来看品牌和文化所起到的作用。最后总结两句就是：品牌是记忆，文化是习惯。现在所有的研究都是围绕这样的关系去展开。

在研究文化品牌时，我们将其分成两条线：一条线指产品，产品构成的产业及由产品和产业构成的行业；另一条线指人，由人构成的组织及由人和组织构成的国家。这两条线涵盖了有形和无形，往往综合交叉。但目前一讲到品牌，大多数人基本就留在产品、产业、行业层面，没有把人、组织、国家这条线联动起来。

● 品牌与文化探索的主要内容

我们组织的品牌与文化系列探索，内容主要聚焦在以下几个方面：

第一，品牌与文化的关系问题。着重研究文化个性对品牌建设的影响机理，品牌的文化个性定位方法及途径，不同品牌类型与国家文化个性的关联关系。

第二，品牌基础理论研究。重点探讨品牌是什么，品牌从哪里来；对品牌进行界定，从学理角度论证品牌与人的记忆之间的关联，确定品牌概念的中性性质；阐述品牌是如何形成的，建立、打造、维护、提升品牌的途径和方法；研究品牌哲学、品牌美学等品牌基础理论问题；探索不同主体的品牌建设的共性和差异性；品牌无形资产管理的方法和途径等问题。

第三，文化基础理论研究。重点探讨文化是什么，文化从哪里来；对文化进行界定，从学理角度论证文化与人的习惯之间的关联，确定文化概念的中性性质；探索文化个性的定位方法，文化个性的形成原因和要素；文化个性的趋势演变和结果预测；改变和培育文化个性的方法和手段等。

第四，基于文化的品牌价值创造和价值实现的循环法则实证研究。通过建立和完善基于文化的品牌价值创造和价值实现的循环法则；确定每一阶段的要素和环节，探索文化在不同阶段的作用和影响；选取典型案例分析该循环法则的可行性和有效性；总结其可被复制和推广的方法和路径。

● 品牌与文化的三部分构成

我们把习惯分为有意识的习惯、潜意识的习惯和无意识的习惯，无意识的习惯就是文化个性。

我们在研究品牌的时候，发现消费者的需求分为功能需求、情感需求和价值需求，这三者是构成品牌文化的三部分。它们是融合为一体，不能拆开的。我们预计未来全世界消费者会把他收入的一半（即50%）以上用于满足价值需求，即文化品牌需求。既然价值需求量最大，消费者在这方面花的钱也会最多，因此如果企业想要获取最高利润，国家想要获取最高利润，应该在满足消费者价值需求方面动脑筋，去赚取这方面的钱财，并且它不需要资源，国家应使其成为国家战略。在人的需求当中，对需求的变化是与其经济水平有关系的。

> 过去当人均国内生产总值（GDP）达到2500～3000美元的时候我们即认为是消费品牌时代的到来，但现在应提高到3000～3500美元，此后，人们对消费品牌的支出的增长速度将远远高于GDP的增长速度。从国家综合能力角度出发，中国已经进入消费品牌的时代，但我们的品牌在哪里？

文化是如何形成的

● 文化（习惯）形成的五个方面

"文化"这个词正变得越来越热。现在如果谁在发言中不说几次"文化"，感觉会被人认为很没"文化"。但什么是文化？文化是如何形成的？古今中外对这两个问题的解答纷繁复杂。始终致力于品牌和文化研究的恒源祥对此做出了自己言简意赅的回答：文化是习惯。人们对习惯的认识，即人们对理解、了解、看到、听到、感受到的习惯的记忆就是品牌，所以我把品牌称为文化的载体。文化是如何形成的？在对文化与习惯的探索过程中，我们发现，一个国家、民族和个人的文化的形成主要受到天、地、人、信仰和制度的影响。天、地是影响人的自然属性，信仰和制度是影响人的社会属性，自然属性和社会属性的影响综合在一起，会影响"人性"。在历史的进程中，基于自然属性、社会属性和人性，逐渐形成了人们的习惯，形成了文化。

天主要指天相，比如是高纬度、中纬度，还是低纬度。高纬度地区比较寒冷，中纬度地区四季分明，低纬度地区气温较高。人是需要适应自然的物种，天相对个人文化习惯形成的影响是既深又广的。

地主要指地理环境和资源状况。地理环境包括山地、丘陵、平原、高原、盆地、海洋、江河湖泊、草原、岛屿、沙漠等；资源状况包括地上、地下资源及其充裕状况，是贫乏、适当，还是充裕。从现实中不难看到，自然资源丰富的地区与自然资源贫瘠的地区，人的文化习惯也是不一样的。

人主要指人种、民族、语言、年龄结构、性别构成、社会资源等特征。其中，民族和语言的影响很大。单民族与单语言，多民族与单语言，多民族与多语言等不同类型的文化差别巨大。

信仰，顾名思义就是有无信仰，信仰什么。不同的信仰会赋予人们不同的文化。

制度主要指为公共生活而设计的社会规范体系，包括自我认同设计、社会认同设计、社会制度设计、经济制度设计、政治制度设计。在不同的制度下面生长的人，文化习惯肯定是不一样的。

科学研究证明，文化（习惯）一旦养成，往往会成为潜意识的一部分。在我们日常生活中，人80%以上的行为是由潜意识控制的，经过思考以后再采取的行为只占不到20%，而80%无意识的行动主要是由我们的习惯组成。

● **文化形成过程的重要影响因素**

恒源祥在探索文化形成的过程中，发现还有一个十分重要的影响因素，那就是中国人常挂在嘴边的"民以食为天"——吃饭。

古往今来，吃饭是人们每天都离不开的行为，如何吃、吃什么对人的文化潜移默化的影响再没有比之更深刻的了。人们最早用来吃饭的工具肯定是手。据历史记载，在东方，筷子文化是从三千多年前开始的；文艺复兴时期，西方人吃饭开始有了刀叉。从全球来看，使用手来抓饭吃的还是大多数，超过 20 亿人口；排在第二的是使用筷子；第三才是使用刀叉。这其实与相应的文明持续时间长短有一定的关系。

那么吃饭使用的工具对人的文化习惯的养成究竟产生了怎样的影响呢？

比如用手抓饭吃这种习惯的人群多在非洲、印度、西亚等地区，象征着重人文、重自然，注重跟大自然融为一体，更追求善的文化。用筷子吃饭的人群亲人文、亲自然，更追求美的文化。用刀叉吃饭的人群重辩证和科学，更追求真的文化。

吃饭方式还有群食制和分食制之分。东方人一般采用的是群食制，表现为你中有我，我中有你。这种文化习惯也影响到饮食以外的领域，比如对于财产，古往今来，常会出现分不清楚的状态，你的是我的，我的是你的。而在西方，惯于分食制，一份一份食物分得一清二楚，所以在财产方面，同样也分得很清楚——你的就是你的，我的就是我的。

● 透过文化现象看本质

恒源祥在长期研究文化形成的过程中，总结出天、地、人、信仰、制度五个重要的影响因素。在课题研究中，我们分别对这些影响因素进行了深入、系统的研究。通过这些角度的研究，我们将对某个国家、某个组织或者某个人的文化究竟是什么及如何形成的做到"知其然",更"知其所以然"！相信这些研究将对建设好我们中国的国家文化、我们恒源祥集团的文化及我们每个人个人的文化都有着非常重大的意义和帮助。因为我们知道,只有了解文化,才能了解命运；只有掌握了文化,才能掌握命运；只有改变了文化,才能改变命运。而哪个国家、哪个组织、哪个个人不希望有好的命运呢？

我希望每个人都能学会用这种方法来透过文化现象看本质,更重要的是看到我们存在的问题,那就是被一些不好的文化习惯紧紧束缚而不自知。所以,学会这套方法也是为了深刻地解放我们的思想,赢得更大的机会。

文化决定命运

● 文化是习惯

什么是文化？在我看来文化可以简单理解为习惯。一个人的习惯就是一个人的文化,一个企业所有员工的习惯就是这个企业的文化,一个地区、一个国家所有成员的习惯就是这个地区、国家的文化。

文化和习惯是中性词,好的习惯就是好的文化,坏的习惯就是不好的文化,所养成的习惯的好坏决定了一个人、一个企业、一个地区、一个国家文化的好坏。

常言道：一样米养百样人。每个人的习惯不一样。在企业的团队中，就表现出有相同的习惯和不同的习惯。又因为每个人的评判标准不一样，让评判习惯的好坏变得更为复杂。这些不同的习惯、不同的文化在企业朝着同一个目标奋斗之时产生了巨大的消耗，导致做事的成本加大，时间变长，效益变差，甚至最终可能导致失败。这并非危言耸听，国际上诸多公司之间兼并的困局往往不在于资产的重组，而在于文化的难以融合。

在一个企业中，全员有相同的习惯固然好，但这过于理想化，如何尽量减少因为习惯差异造成的内耗，这需要企业建立一个共同的价值观、共同的使命、共同的精神，并最终拥有全员的文化自觉。

> 我曾走访过世界几大著名的品牌公司——耐克、可口可乐、家得宝，发现它们的强大不在于依靠一个人、一个部门，而是依靠一个庞大的组织（走访之时耐克总部员工5500人，可口可乐总部5000人，家得宝总部5000人）。让这些庞大的组织有条不紊运行的核心不是靠总裁的魅力，不是靠管理的能力，而是靠文化的自觉——这些品牌都有共同的价值观，并围绕着使命，朝着一个一致的目标，相互配合，有效行动。

当企业有了一个好的文化体系后，不好的文化将得到界定和清除。在不触犯大原则的前提下，很多文化将得到包容。整个时代的发展趋势也证实：谁的文化的包容性大，谁的发展空间也就会大。此外，一个优秀的文化体系还可以影响环境。未来，企业保持强势的地位，关键不是看科研技术、市场占有率，而是要看它的文化是否能够外延。外延的程度越大，企业越强；外延的程度越小，企业越弱小。

● **恒源祥的"命"是什么**

解答了什么是文化后，让我们看看什么是命运。

什么是命运？不妨把命和运分开来看。命就是能力，为别人服务，为社会创造价值的能力。运就是需求，社会的需求，消费者的需求。当企业有能力创造价值，但没能满足社会和消费者需求的时候，这时企业有命没有运；相反，社会和消费者有需求，但企业没有能力满足，这时企业有运而没有命；而唯有将企业的能力和满足社会、消费者的需求紧紧地结合在一起的时候，企业才会有好的命运。

通过长期对消费者需求的研究，恒源祥已经发现了消费者需求的变化，从吃饱穿暖等对物质的需求向心理的、情感的、精神的需求转化。这是恒源祥的"运"之所在。为此，恒源祥已经明确将发现和满足消费者的需求，为消费者创造价值作为恒源祥的核心能力。这是恒源祥的"命"之所在。

● 文化改变命运

为什么文化最终决定和支配了一个企业的命运？答案就在于文化和命运的匹配程度。当企业的文化绝对支持企业的发展时，企业就会成功；当企业的文化相对支持企业的发展时，企业就会相对成功；当企业的文化和企业的发展相对冲突时，企业就不可能成功；而当企业的文化与企业的发展绝对冲突时，企业可能就会完蛋。文化最终决定了企业的竞争力和在行业中的排序。

这个道理也适用于个人、地区和国家。就恒源祥联合体的员工而言，只有当自身的习惯与整个企业的使命、精神、事业有机结合、保持高度一致，才能取得成长、获得成功。

恒源祥集团于 2007 年开始在联合体内部导入恒源祥的文化战略，以达成普遍认同，深刻自觉。文化战略主要包括两个方面的内容：对照文化战略，了解并实践我们要成为一个怎样的人；根据文化战略，一致地向消费者展现恒源祥的品牌个性，并让消费者心满意足，产生深刻记忆。

我们在哪里？我们未来到哪里去？当我们再一次追问自己这些问题时，相信每一个人心中都多了一个新的答案。是的，以文化为主导的时代即将到来，只有当我们彻底地了解文化，才能够了解命运；只有当我们掌握了文化，才能够掌握命运；只有当我们改变了文化，才能够改变我们的命运。

Ⅱ 文化力支撑品牌化运营

● **实施文化战略，提升品牌资产和品牌影响力**

恒源祥作为纺织业的百年品牌，造就了家喻户晓的知名度，品牌形象早已理想地树立在消费者心中。恒源祥在拥有较为系统的品牌经营理念基础上，建立了完善的品牌建设体系、企业文化建设与创新体系，从集团一把手到企业每一位员工，严格贯彻企业文化理念，形成了全公司统一的品牌发展观。

在建立和实施品牌培育管理体系的过程中，公司成立以董事长任组长、总经理任副组长、技术中心等各部门组成的品牌培育管理体系贯标领导小组和推进机构，编制《品牌文化塑造管理程序》，建立、实施和保持品牌文化塑造过程，运用"四阶段八步法"，实施文化战略，系统地挖掘、塑造和传播恒源祥品牌的文化内涵，提升品牌形象，培育品牌忠诚度，提高品牌价值和品牌核心能力，为品牌的发展提供了长足的动力，取得了显著的成效。许多企业声称在做品牌经营，但像恒源祥这样将品牌真正作为资产来经营的企业却不多见。尤其是在 2013 年工信部组织的工业企业品牌培育试点活动中，恒源祥从战略和文化入手，建立科学的条分缕析的品牌管理体系，通过成立创新的文化转型指导委员会、制定相关制度、组织培训等手段，实现了恒源祥品牌资产和品牌影响力的进一步提升。

● 推进文化转型

为了让恒源祥体系中 6 万多名员工对战略和模式形成一致的认识和行为，恒源祥集团总结出以使命、精神和价值观为核心的企业文化体系。恒源祥的使命即成为历史的一部分；恒源祥的精神即无我、无限、无中生有；恒源祥的价值观即持续为社会创造价值。恒源祥的使命、精神和价值观成为恒源祥企业文化的核心和集中概括，解答了恒源祥集团和恒源祥人是谁、要到哪里去、如何去等企业的核心问题。

恒源祥把推进文化转型作为集团转型工作核心，成立了由党委班子成员为核心的文化转型指导委员会，制定了《恒源祥（集团）有限公司文化转型督导办法》等系列制度，组织了多场著名文化学者的文化培训，举办了"改变组织习惯大讨论""亮出我的使命价值观""我想做的一件事情暨个人规划工作的公开承诺"等系列主题活动，促进恒源祥文化战略在联合体内的落地，最终使全体员工对恒源祥的经营理念和文化体系达到普遍的认同和深刻的文化自觉。

● 深挖品牌文化内涵

历经近百年的发展，特别是近20多年来所实施的以品牌文化为先导的品牌战略，使恒源祥积淀了深厚的文化底蕴。作为品牌商标标识的"恒源祥"三个字，就是由近百年前恒源祥的创始人沈莱舟先生取自于一副春联"恒罗百货，源发千祥"。"恒源祥，羊羊羊"的著名广告语在国内达到了家喻户晓的境界，使人们自然而然地在恒源祥和羊之间建立了品牌联想。为塑造和宣传以"羊文化"为核心的恒源祥品牌文化，倡导羊毛生活方式，恒源祥启动了《天乡》纪录片项目。

《天乡》是恒源祥策划和投资制作、国内首部以羊群为主角的纪录片，全片借助微纪录片的方式宣传"羊文化"和羊毛生活方式，让消费者体会到人与羊相互依赖的温情，推动消费者改变对羊毛的固有观念，鲜明展示出恒源祥所倡导的绿色环保、和谐自然、可持续的生活方式。

● 文化提升品牌价值

通过品牌文化的塑造和品牌文化战略的实施，极大提高了恒源祥的品牌价值，并获得了社会各界的广泛赞誉。

品牌是资产，是财富，是一个国家的名片。品牌所集聚的核心专长和核心能力是一个国家产业集群竞争力的综合体现，更是民族素质和国家经济实力的象征。品牌的有效运营，能够推动和支撑一个国家、一个产业和一个企业的永续发展。加快中国经济的转型升级,需要培育出一大批中国品牌,恒源祥任重而道远,愿和同行们共同努力。

III 以品牌为导向的质量文化

● 品牌经营是企业的核心竞争优势

恒源祥已发展成为全国著名的以品牌经营为核心的现代服务业高新技术企业。恒源祥的发展离不开对品牌的经营和对质量文化的重视，质量是产品的基石，品牌则是产品实现财富的高级手段。

在经营实践中，许多企业家已经感受到品牌是第一生产力的内在价值，到今天，中国大量的财富向拥有著名品牌的发达国家转移，也证明了这一点。品牌的竞争力正在全球经济发展中起到越来越重要的作用，但是，有些人认为，国家竞争优势源自廉价与充沛的劳动力；也有些人认为，国家竞争力与资源丰富与否之间可以画上等号。尽管在其他国家持这种观点的人正变得越来越少，但中国目前还有相当一部分人这样认为。以生产要素、成本要素的比较优势决定生产形态确实有着比较直接的说服力，但越来越多的例证显示生产要素的比较优势并不足以解释丰富多元的贸易形态。

我们认为永续的竞争优势来自持续的改善和自我提升。具体到企业来说，永续的竞争优势只能来自经年累月发展的营销渠道、独特技术、苦心培养的品牌形象等高级生产要素。而企业持续经营则需要认识品牌意义。牙膏和肥皂（宝洁）、玛斯糖果（M&M'S）、巧克力（瑞士莲）和可乐等很多日用消费品和食品，在技术没有重大突破的情况下，仍能稳坐领导地位数十年，这是什么原因？它完全不能用金钱来购买，那就是品牌的经营能力。品牌经营是一个企业的核心竞争优势，是其他企业不能复制的能力，这才叫作核心能力。

中国在国际贸易上仍处于"贴牌大国，品牌小国"的尴尬境地。随着华人在全世界范围内的增多，也随着中国在全球的崛起，国外品牌在广告中开始采用中国元素；但是与此全然相反的是，中国品牌在走向国际化的征程中，鲜有企业愿意以"中国面孔"亮相世界。

中国品牌为何故意淡化其中国身份呢？其原因是在外国人眼里，中国国际第一品牌是 Made in China（中国制造）。说 Made in China 是品牌，会遭到中国人的否定，因为它仅仅是产品贴牌代加工，或是没有品牌的中国产品，中国成千上万的乡镇企业则是 Made in China 的生产基地；但在外国人眼里，Made in China 就是一个中国品牌。

品牌是有地域属性的，也是有国家属性的，因此，当 Made in China 作为产品出产地名称给外国人的印象质量欠佳时，就会给中国品牌在国际化征程中带来负面效应。这就是中国品牌在国际化过程中微妙而尴尬的处境。

尤其是当产品质量已经带有国家形象时，其影响的就是整个国家的品牌。Made in China 让世界认识了中国，但是 Made in China 也让世界对中国产品有了初步的第一印象，成也 Made in China，败也 Made in China。企业走向世界，需要重视质量这一课。

● 以质量文化为基础，以品牌为导向

现在讲的质量，不仅仅是指产品的质量，更是指人的素质，即塑造高质量的人。一个企业想要塑造高质量的人，首先要具备卓越的质量文化，只有这样才能塑造出一大批具有"大质量"意识的人。当企业的全体员工提高了素质，增强了质量文化意识，产品质量才有保证。企业在经营中逐步形成属于人的经验、智慧、品行、观念、意识习惯等潜在、无形的质量文化，远比有形的东西重要得多。

随着世界经济、技术和社会的不断发展，推动了对质量管理理论及实践的发展，也逐步演变为一种文化现象，即质量文化。质量文化是一种崇尚质量、追求卓越、注重管理和为消费者负责的现代企业意识。质量文化作为一种从质量管理中萌发和形成的精神文明现象，必然要对质量管理过程的发展产生重大的作用和影响。卓越的质量文化是企业和社会发展的关键，是一种宝贵的无形资产。质量文化具有文化导向功能、激励功能、凝聚功能、约束功能和辐射功能，它能使企业增强凝聚力和活力，不断提升企业的价值和创造力。为了塑造具有"大质量"意识的员工，恒源祥进行了一系列战略性的转变：从产品质量到全面质量，从"小质量"到"大质量"，从质量标准到质量制度,从质量制度到质量文化。

为此,恒源祥始终坚持"以消费者为起点,以消费者为终点"的理念,创造不同消费的各层次需求,并且超越消费者的期望,引领消费者的生活方式,力图通过商业行为与业务模式让消费者获得愉快的、难忘的经验——"恒源祥经验"。

"恒源祥经验"是什么?举一个案例来说明。

> 一件产品进入市场,会产生"36个满意和52个不满意",即会有6位消费者满意,4位消费者不满意;而6位满意的消费者每位告诉5个人,就会有36位消费者对你的产品满意;但是4位不满意的消费者每位告诉12个人,就会有52位消费者对你的产品不满意。恒源祥在2009年销售了4738万件产品,以此公式类推,如果有些消费者不满意的话,不满意的数据会很大,大约过不了十年,恒源祥的品牌就会被这个数字淹没,所以我们必须尽可能地让所有消费者满意。

消费者对产品的需求是不同的,即使商家感觉产品没有质量问题,但也许颜色、款式、服务,甚至品牌文化内涵都有可能引发消费者的不满意。我们平时所说的产品质量只是"小质量",仅仅局限于追求这一点是远远不够的,所以我们致力于在恒源祥联合体全员范围内形成从狭义的"小质量"上升到广义的"大质量"的普遍深刻意识。

"大质量"的概念就是我们所说的经济社会发展的质量，要从经济和社会两个方面来理解，质量内在的含义和文明、文化是相联系的，因此它和社会发展密切相关。

据研究发现，消费者有三种需求：功能需求、情感需求和价值需求。功能需求就是吃饱穿暖；情感需求就是吃好穿好；价值需求就是品牌需求，价值需求提升到更高的境界，就是吃健康、穿品位。随着人们生活水平的提高，功能需求已不再是消费者关注的第一位，那如何创造消费者的情感及价值的需求呢？唯有品牌。有研究指出：当一个国家的人均GDP达到2500～3000美元时，就预示着消费品牌时代的到来。因此恒源祥在进行产品研发、款式设计、店面设计、提供服务时，只有将一切工作转化为消费者的价值需求，也就是品牌需求，转化为品牌个性及差异化的风格及品牌的文化内涵，才能真正地提升企业和品牌的"大质量"，从根本上创造消费者的价值需求。消费者对产品要求已经不是单纯的产品质地，而是整个购买过程的质量，要最大限度地满足消费者在功能、情感及价值需求的质量要求，这才是全方位的质量。

通过上述分析我们不禁要问，现在做品牌，最大的问题在哪里？中国的许多企业对品牌的表述还很原始，以产品为导向，不管是产品的情感也好，产品的艺术也好，都是以产品为导向的。产品导向是什么？就是讲功能性，企业会把这些作为主体推广。而消费者普遍有的一个特点——喜新厌旧。企业做的产品是以产品为导向，企业会把这个产品的功能、质量告诉消费者，那么品牌在哪里呢？是贴在产品上的商标，企业告诉消费者的都是产品的功能，而不是告诉消费者这个产品的品牌。现在新产品出来，消费者喜新厌旧，要把这个商品淘汰了。消费者不喝这个水了，因为企业没有把品牌诉求告诉他，所以他不喝水的时候，连这个牌子也一块淘汰了。很多商品被淘汰都是这样。

所以做市场，要以消费者需求，更进一层是以含有情感需求甚至价值需求的品牌为导向，而不是以产品为导向，因此不要把品牌贴在产品上，而要反过来。

恒源祥告诉消费者什么？恒源祥从1994年就没有产品广告了，只有品牌广告，只用"羊羊羊"，把产品贴在上面。恒源祥没有把产品的功能告诉消费者。恒源祥是奥运赞助商，是关爱社会的，是有艺术的、有文化的、有科技的，不是只讲功能的，所以产品更新换代、转型升级，或是被淘汰，品牌商标却成为消费者生活不可或缺的元素。因此一定要把品牌的概念跟消费者结合起来。

经营品牌如同逆水行舟——不进则退。消费者记忆的特点只能记住第一，记不住第二，做第二简直就是浪费成本，只有做第一，不断地创新和创造第一才能在市场上立足。恒源祥经常对员工讲："你们与其做100件第二的事还不如做一件第一的事。"经营品牌必须牢记消费者"记一不记二"的习惯。要让消费者记住品牌，就是尽可能地使自己的品牌在某个方面成为第一，并且向消费者有效地传递这个第一的信息。做第一有两种方法：第一种方法是创新，第二种方法是把事情做到极致、做到永久。创新性首先需要智慧，需要资本力；时间上首先需要耐力，需要永不放弃的决心和毅力。

然而，有些企业企图用物质产品的制造去做品牌，而不研究文化内涵、品牌形象。实际上品牌做出来，最终靠以文化内涵为主导的品牌形象。当然物质的质量是基础，但是光靠物质质量，没有相应的文化内涵，只能做出好的产品，不能做出好的品牌。

为了赋予恒源祥品牌下的产品具有相应的文化内涵，恒源祥陆续开展了一系列关于品牌与文化研究的项目。

- 2009年，恒源祥向上海市科委申请了"品牌创新方法的研究"项目，由企业来承担品牌创新方法的相关研究。
- 面对国外品牌大肆占领中国市场，中国财富大量向国外品牌转移的状况，恒源祥集团于2010、2011年承担并完成了国家科技部重大软科学研究项目"国家品牌战略问题研究"。
- 2012年，恒源祥继续承担国家科技部重大软科学邀标项目，对"国家品牌与国家文化软实力研究"这一课题（于2014年6月10日顺利通过国家科技部验收）进行了深入的解析和探讨，界定了"品牌是记忆""文化是习惯"的概念，并且分析出文化是国家品牌的个性、灵魂，是国家文化软实力的核心，文化传承和创新决定了国家品牌和国家文化软实力的发展；同时，国家品牌和国家文化软实力在开放、竞争环境之中形成了相互叠加、相互耦合、相互协同的互动关系。

● 2013年8月，恒源祥（集团）博士后科研工作站获得国家批准，成为全国专注品牌与文化研究的现代服务业博士后工作站。

恒源祥开辟了企业进行国家品牌研究工作的先河，希望通过对国家品牌和国家文化研究的持续投入和开展，探索出以国家文化为基础的国家品牌建设之道，最终推动改善中国品牌发展的市场制度和环境，推动国家、政府层面对中国国家品牌和中国文化发展战略的制定和实施，推动更多的中国企业和中国品牌走出国门，走向世界。

这些项目研究成果，让恒源祥对品牌的本质和特性，品牌与财富、竞争能力与文化之间的关系等有了进一步的知晓，对如何更好地培育品牌、实施品牌战略等有了更加理性的认识。基于这些项目研究，恒源祥的品牌经营也更加注重有效性和持续性。

● **恒源祥的质量文化建设**

恒源祥从1991年起，通过实施品牌战略，开创了以品牌经营为特色的发展道路，充分利用恒源祥的无形资产调动和组合社会资源，组成特许生产和特许经营、连锁经营战略联盟，实现规模经营和快速扩张，使恒源祥迅速成为全国著名的经营品牌的现代服务业企业。恒源祥先后荣获全国五一劳动奖状、全国质量奖、亚太质量奖、全国实施卓越绩效先进企业、中国纺织十大品牌文化企业、中国社会最具影响力品牌企业、中国商业创新型企业、上海市知识产权示范企业、上海市市长质量奖（个人）、上海市专利示范企业等荣誉。

作为一家老字号企业，恒源祥能够走到今天而且保持良好持续发展的状态，主要是因为企业在经营过程中始终坚持战略性的转变。从产品质量到全面质量，从"小质量"到"大质量"，从质量标准到质量制度，从质量制度到质量文化，恒源祥始终在不断地"变"。公司曾经不止一次地告诉员工，"今天不改变自己，明天存在的可能性就会被改变"；"文化不变，什么都不会变"。所以我们持续改进的核心是改变我们的文化。

现在所讲的质量文化，已从一个企业或是一个组织走向社会，囊括了生活质量、环境质量、社会发展等在内的"大质量文化"概念时代已经悄然来临。

当别的企业还在注重产品质量的时候，恒源祥已经开始注重全面质量：通过在整个恒源祥联合体范围内从管理层、子公司、加盟工厂到经销商的各个层次及所有环节的全过程管理，实现了从以职能为中心的质量管理到以过程为中心的质量管理的转变。当别的企业在还在关注"小质量"的时候，恒源祥已经开始关注"大质量"，恒源祥始终坚持"以消费者为起点，以消费者为终点"的宗旨，通过不断发现消费者需求的个性，创造消费者个性化的价值需求，来提升恒源祥这个品牌在消费者心中的品牌价值和"质量"。当别的企业还在关注质量标准和质量制度时，恒源祥已经开始努力将质量变成一种文化。

  恒源祥通过以质量月活动的形式在公司和恒源祥联合体各加盟工厂和全体员工中进行恒源祥的质量关、质量经营理念和质量文化的培育和教育。从1997年开始至今，公司每年都组织召开以"质量"为核心的不同主题的质量月活动。每年9月1日，恒源祥近百家加盟工厂，6万多名员工面对国旗、司旗和质量旗庄严宣誓，为不断提高产品质量而努力奋斗！围绕恒源祥品牌质量经营的中心任务，恒源祥为历届质量月活动提出了鲜明的主题，如"质量在我心中""诚信、品质、互动""走进心时代、感知新力量""创新提升质量、品牌促进发展"和"质量促进祥和、文化推动发展"等，这些主题反映了恒源祥质量观的演变、传承和创新。

  恒源祥质量月活动的内容也在不断丰富和创新，既有公司和各加盟工厂组织的质量征文、演讲比赛、质量知识竞赛和岗位操作竞赛活动，也有车间、班组开展的"六个一"活动，反映了恒源祥质量月活动从公司、各加盟工厂推向各车间、班组和全体员工。历届恒源祥质量月活动都得到了当地政府的重视，各类媒体进行了大量报道，使恒源祥的品牌质量经营理念向社会进行了有效的传播。通过质量月活动，整个恒源祥联合体形成了"深刻自觉、普遍认同"的文化氛围。促进了恒源祥的员工在经营制造生产中，不仅关注通过自己的劳动更好地满足消费者在某一功能方面的需求，而且更加关注能够更好地让消费者知悉恒源祥品牌的文化内涵、满足消费者在情感和价值方面的需求。

Ⅳ 未来的机会在文化

● 文化的力量

对于文化的力量,社会各界多有论述。在我看来,虽然恒源祥不提倡战争,但描述文化的力量,非得用到战争不可。

一讲到战争,人们马上想到军事战争,其实世界的战争可分为五个层面:最早的战争是军事战争,第二个层面的战争是经济贸易战争,第三个层面的战争是金融货币战争,第四个层面的战争是知识产权战争,第五个层面的战争是文化战争。未来这个世界,谁掌握了文化,谁就能获得市场甚至社会的领导权,赢得第五个层面战争的胜利。

文化是什么?恒源祥认为是习惯,是创造出来的一种生活方式。如果全世界的人都记住、认同,并按照你所创造的生活方式生活的时候,谁还会来反对你,与你战斗呢?这就是文化的力量!所以,作为恒源祥联合体的一员,要让我们的基业长青,最核心的工作是创造一种文化、一种生活方式让更多的消费者来接受和享用。因此，今天的我们要检视一下自己的工作是在哪个层面努力。我认为也逃不开上述的五个层面，国家如是，企业亦然：第一个层面，我们的科研；第二个层面，我们的买卖；第三个层面，我们的资本；第四个层面，我们的品牌；第五个层面，我们的文化。

我想恒源祥最有希望之处和我们伟大的祖国是一样的，我们的未来是在第五个层面的战争上——中国文化是有希望的。恒源祥也如此。这就是我们为什么这么忠实于研究文化，研究品牌。恒源祥未来能够获得市场成功的地方就在于文化，恒源祥人都要一起努力成为文化人，创造人们新的生活方式，并让全人类都接受这种生活方式。如能做到，恒源祥一定会变得十分伟大，成为历史的一部分！

● 文化的源头

品牌的性质是什么呢？我们把它引申为硬实力。过去我们都把品牌称为软实力，如今把它称为硬实力，这是相对于文化来讲的，文化相对而言是软实力。软实力是什么呢？软实力就是真正的无形资产。

文化十分重要，文化和品牌的关系十分紧密，那文化从哪里来？它的主要格局又是怎样？对我们的影响在哪里？大家也许听我讲过很多回，文化来自天、地、人、信仰和制度。

如果文化是一种生活方式的话，当前全球的文化和生活方式主要分为三种，基本都源于2500年前。西方的伟人哲人，他们行走在爱琴海边，思考着人与物的关系，我们称为重科学的文化；中国的伟人哲人，他们行走在中国的母亲河——黄河边上，思考着人与人的关系，我们称为重感情的文化；印度的伟人哲人，他们行走在印度的母亲河——恒河边上，思考着人与神的关系，我们称为重精神的文化。当下所有人类的主要生活方式都逃不开这三种，而且以这三种生活方式生活的人基本各占三分之一。说"基本"主要是因为三种不同的文化之间也有交融。

● 文化的交融

在印证文化交融的价值上，我一直在思考一个案例——日本。

日本在天性、地性、人性上跟中国和美国都没法比。我们讲天是指它的国土面积、所处的地理位置；地是指地上及其他资源；人是指单民族还是单语言，多民族还是多语言。日本在天性、地性、人性上都不可能成为世界一流国家，但是它又确确实实成为世界一流国家。

众所周知，日本文化长期以来深受中国文化的影响，日本把中国古代那种情感化的生活方式和生活习惯，特别是好的习惯，不仅保存了下来，而且还有提高。另外，通过中国，佛教也传入了日本，日本根据自身的特点，去粗取精，让佛教在日本得到很好的发扬。一百多年前，日本向西方的科学文化打开了大门。日本又把西方的科学文化在日本发展得很好，成为世界一流的工业强国。所以，日本成为一个融合了科学文化、情感文化、精神文化三大文化优点的国家，或许这就是日本能成为世界一流国家的重要原因。

很长一段时间，我们把自己的情感文化忘记了。这种忘记让我们在探索文化个性、打造生活方式和品牌的时候力不从心，我认为恢复它、弘扬它已经到了刻不容缓的阶段。

众所周知，约两千年前，印度的佛教文化来到中国，跟中国的儒家文化、道家文化相得益彰，相互交融地发展，让中国具有了全世界唯一独特的儒释道交融的文化。在180多年前，鸦片战争爆发，中国战败以后，西方的科学文化也来到中国，来到中国后也得到了很快的发展。我相信中国文化能够包容西方的科学文化，并且能够共同发展、共同成长，因此中国也是世界上独特的拥有三种最主要文化的国度。未来中国的希望，就在于把自己的情感文化再拿起来，融合科学文化和精神文化，创造出一种全新的生活方式，只有当我们创造出来的这种生活方式，变成人类生活方式的时候，我们才可能成为这个世界的领导者。

我想中国是有希望的，恒源祥也是有希望的。我希望未来的人们会不断提起，曾经在黄浦江边上，有一群恒源祥人思考着新的生活方式成了人类生活方式中的一部分。

◎ 如何实现中国从"制造大国、品牌小国"向"品牌大国、制造小国"转变，如何打造国家品牌和国家文化软实力成为关乎国家未来发展刻不容缓的重要课题。

◎ 未来这个世界，国家的界限会越来越模糊，但是那些文化形态，即由天、地、人、信仰、制度所形成的文化个性将会持久地传承下去。

◎ 综合交叉法不但可以让我们更好地了解他人、被他人了解，也可以让我们更准确地理解这个世界。

◎ 没有国家独特的文化作为依托，不可能诞生具有全球竞争力的国家品牌，没有优秀的国家文化作为支撑，国家品牌就无法让全世界产生深刻的认同。

◎ 中国文化"出口"全球之时机已经来临，中国应从文化大国成为一个文化输出的大国。

◎ 文化的浸透和扩散是文明发达过程中无法避免的。我们不应该阻止，而应在文化的相互扩张性交流中输出我们的文化价值观。

◎ 能平衡好不同文化个性、不同文明之间的差异是中国文化的特色。

◎ 企业经营实质上就是创造品牌价值，实现品牌价值最大化的过程。

Chapter 2

了解文化，了解命运

I 区域文化个性探索

国家文化个性研究

● 为什么要研究不同区域的文化个性

作为自觉肩负"推动人类社会的进步和发展"历史责任的恒源祥集团，多年来始终如一地组织社会各界优秀资源共同持续推动品牌和文化领域的研究和发展。我们以"国家文化个性研究"为主题的系列跨国家文化研究项目已经在中国社会科学院拉美研究所等多方专家的共同协作下完成了乌拉圭国家文化个性研究的阶段性结题报告，以英国、法国、印度、俄罗斯、伊朗五国的国家文化个性研究项目正在与以北京大学历史系教师为主要专家资源的项目团队的合作中顺利完成。目前与北京大学区域与国别研究院合作研究的课题还包括对埃及、阿富汗、巴西等文化个性研究。

在选择国家的时候，我们秉持这样一种观念：兼顾东西南北中，所选国家不仅要具有历史和规模，还要代表不同的文化个性，因此最初的五国文化个性研究，我们选择了英国、俄罗斯、印度、伊朗、法国。在我们看国家文化个性的时候，我有个想法，就是把国家去掉。比如讲伊朗文化，我们主要考虑的是波斯文化，在历史上波斯文化的影响力跟我们现在传承下来的文化的关系，而不是简单地理解为研究伊朗这个国家的文化个性。研究印度也一样，不是简单地去研究印度这个国家，而是研究印度文化，"印度"只是个名称，有印度的宗教，比如印度教。其实巴基斯坦、斯里兰卡、孟加拉国信奉印度教的人也很多，波斯文化其实也有影响到印度，在印度文化里面也有波斯文化。现在有国家界限，但研究不是简单地停留在国家的圈子里面。某个文化是在某个区域、某个族群当中，这个族群不是以国界为绝对界限的。因此，我们选择的是东西南北中五个区域的五种文化形态，而不是五个国家的文化。

从历史上来看，我们对一个国家文化个性的了解都是从现象上看的，这是第一步，最原始的东西。第二步要从现象看它的本质——为什么会是这样的。第三步是从本质看到现象，就是它现在的文化个性是什么；过去的文化个性慢慢过渡就形成了当下的文化个性，今天的文化个性将会使这个国家未来在哪里。第四步是从本质到本质，即便今天已经有文化个性，但还应该建立什么样的文化个性使自己更美好。就像改革一样，改什么东西可以更好？我们应该从这个深度、从文化个性层面在法律制度方面实施改革，让我们的习性、个性进行有效的变化。因为天性、地性、人性是很难变的，信仰也是很难变的，我们只能从法律制度方面去影响习性和个性，一个是自然的作用，一个是制度的作用。我们未来最终要做的就是找到个人改变什么样的文化个性能使国家更好。

为了使国家更好，我们要认真分析经济，在分析经济的时候，我们发现，如果你现在没有品牌，你的所有商品卖到国外，但你没有定价权。你没有品牌，所以你也没有话语权，没有决策权，没有定价权。作为国家，从国家隐形的层面来看也是一样的，国家没有好的形象，也没有决策权，没有定价权，没有话语权，你再讲什么人家都不听的。

比如，美国的文化个性是休闲，所以他的休闲生活方式被全世界接受，从事的产业不管是不是品牌的，只要是休闲的，全世界都接受，像休闲服装、休闲食品、休闲饮料、电影、娱乐场，凡是与休闲相关的他全部都是第一。英国有英国个性，德国有德国个性，而且这些国家主要有几个品牌企业成就国家的形象，同时这些国家的形象又为他们国家所有的中小企业带来利益，德国的精密制造是靠几个大的公司，像西门子、宝马、奔驰，受益的是他们国家所有搞精密制造的中小企业，全世界都对德国的精密制造认可了，只要是德国出来的都是好的。这些国家的国家文化个性所形成的生活方式被全世界接受，形成的文化个性被全世界认同，在这个领域的中小企业都成为世界一流，就是这样一个道理。

这就是我们现在为什么要研究不同国家的文化个性的原因，我们要把它们最好的东西拿出来，当成一种教育的体系不断灌输，培养这种个性。比如犹太人懂得每天或者每周至少反思一次，还有哪些地方没做好要改进一下，这个民族因此变得优秀。从行为上来看，我们是不是可以把这种文化精神引入到中国来；同时我们可以研究发现不同国家文化的糟粕我们是否有，如果有就把它淡化，扔掉它。

● **国家文化个性研究案例**

要将英国的文化个性简明扼要地表达出来，我们想了五个词、十个字——自由、虔诚、商业、保守、创新。我们认为这五个词能概括英国的文化。英国人的宗教信仰程度很高，英国女王的道德地位很高。她是一个道德榜样，促使英国文化、道德、境界、英国人的自尊心达到一定水平的上升。英国人对物质也非常重视，英国副首相往往兼财政大臣，但是他们对物质的需求又不像德国人那么强烈。人需要文化，但是需要什么样的文化，如何组织文化，对于一个国家的前程和命运具有决定性的作用。

研究印度后会疑惑，人怎么能那样生活呢？同时你又感觉到印度是个特别尊重人生命的国家，不仅重视人的生命，而且重视所有动物的生命，如连耗子、蚂蚁都不忍心踩死，这好像又是矛盾的。我觉得印度人对死亡是没有畏惧的，同时又很尊重生命，这里面就涉及神。印度人认为要尊重生命，因为生命是神的化身。这是由印度的历史、政治、经济等决定的。

俄罗斯哲学家曾说：我们独特的文明既不属于东方，也不属于西方。他们认为自己的文明是世界上是独一的，用理性无法理解俄罗斯，用通常标准无法衡量俄罗斯，因为它是特殊的，是特例。为什么？两个原因，一个是自然环境、地缘政治造成的。俄罗斯处在欧亚大陆的北面，气候严寒，土地贫瘠，在莫斯科以北的草原只有一小部分的黑土可利用。大自然没有赐给俄罗斯好的气候与土壤。从地缘政治来讲，俄罗斯南面是大批的游牧民族，对他们的破坏是很大的，对他的文明有很大的影响。俄罗斯文化个性还表现为矛盾性，体现为个人主义与集体主义的矛盾，顺从和暴动的矛盾，自然力和宗教地域之间的矛盾，自我牺牲和利己主义之间的矛盾，国家组织和无政府组织之间的矛盾等。

我相信在研究法国史的人的心目当中，浪漫不足以代表法国的文化特色。如果把浪漫作为一个切入点的话，我觉得浪漫有更深刻的含义。法国恰恰是理性主义的发源地。理性主义虽然发源于法国，但是最后成型达到集大成的是在德国。而浪漫主义虽然发源于德国，却在法国得到了延伸。另外，法国文化还有一个很大的特点，就是和中国很相似。哈佛大学的一位教授对此概括为：第一，都重视家庭；第二，都特别喜欢烹饪；第三，都以为自己是世界的中心；第四，都崇尚领袖。另外，法国人觉得有钱并不是光彩的事情，特别注重公平。

总之，我们不是简单地做国家研究，我们的研究是持续的，并不是研究完这个国家的文化之后就停止了，而是要形成一个制度代代相传。因为文化是在变化的，我们对它的关注，对它的变化，对它未来的走向要持续地关心、探索和研究，这样未来才能更精准地把握这些国家的文化个性。未来这个世界，国家的界限会越来越模糊，但是那些文化形态，即由天、地、人、信仰、制度所形成的文化个性将会持久地传承下去。因此，文化第一要传承，第二要创新。我们要把中华民族中优秀的文化保持下来，我们做国家文化研究也是这个目的，就是要弄清楚什么是精华，什么是糟粕。我们看世界上不同的国家、不同的组织、不同的人，它的发展为什么会成功呢？因为它有其文化个性，就是有它的习惯，这个习惯成就了它，如果我们学习那些优秀国家和组织的文化，并把我们自己的文化传承下来，就能做到兼容并包。世界是相互依存着的，谁也离不开谁，在这个大家庭当中，我们更应该对文化有深刻的了解和理解，这样才可以和平相处，才能减少冲突，减少摩擦，减少误会。

我们研究文化并不是作秀，而是为了让世界接受，不仅我们内在要有文化，而且要建立一种被世界接受的文化，这样我们的文化就自然而然传播出去了。文化是人的身体当中的血液，是人的身体当中的细胞的基因。文化成为细胞、成为基因、成为密码，你无法解开。现在你用原子弹打文化是打不掉的，只有把人打掉了才能把文化打掉。当我们中国文化能够真正被世界充分广泛的接受的时候，我们还怕什么原子弹、氢弹和导弹呢？我相信文化的力量是无穷无限的。

综合交叉的重要性

● 用五感（感官）综合交叉法沟通交流

我们经常举行"百家争鸣"文化沙龙，每个沙龙期间，我完全用学生的心态听课，听得不过瘾，还需要反复听。有时候我也会看书，但看书和听讲效果完全不一样。原因在哪里呢？我曾经看到一份欧洲的研究报告，说的是在信息的沟通与传递过程中，只有8%的效果通过死板的言辞达到的，因为言辞只能说出表面，不能体会深层含义；而37%的效果是在言辞的声音变化上，抑扬顿挫，跌宕起伏，让人明白着重点在哪儿，也能基本表达自身的情感；最大的效果还是在非语言上，大概占55%，非语言沟通是相对于语言沟通而言的，指通过身体动作、体态、语气语调、空间距离等方式交流信息、进行沟通的过程。非语言传递的信息量更大。所以我们平时在讲话交流的时候，语音和肢体语言比我们想象中的更重要。如果能有意识地充分调动语言、语音和非语言进行综合交叉运用，对信息的发布者或接收者而言，都需要调动多感官来传递或接收多维信息，所以沟通交流的效果更好，形成的记忆也更深。这也解释了为什么一个人读书的效果往往不及讲话、对谈。

在人与人交流方面，大家可能觉得最大的障碍是语言不通，所以也就害怕和外国人进行交流。其实，大家不要过高估计了其中的困难。我给大家讲我自己的亲身经历。我不会外语，但涉外的交流特别多，我当然会带翻译。当翻译把我的话转达的时候，我就看对方的反应——眼神、表情还有他反馈的语言，从中我就能做出基本判断。有几次，我对翻译说：你没有讲清楚、没有翻完整。翻译问我怎么会知道。我说我是感觉到的。确实，如果我们知道了信息是综合交叉进行传递的话，就不以为奇了。这也告诉我们，即便我们不懂对方的语言，但我们可以用综合交叉法，了解对方的想法，同时也让对方了解我们的想法。

● **用综合交叉法理解世界**

综合交叉法不但可以让我们更好地了解他人、被他人了解，也可以让我们更准确地理解这个世界。例如文化沙龙我们讨论印度。大家对印度的了解可能都有些偏差。我去印度是因为恒源祥和北京大学历史系有课题研究"印度的文化个性"，我们主要去看了地球村。地球村地方不大，可居住4000多人，实际人口2000多人，村子不是很景气，但概念特别好，像人民公社。地球村的人都不拿工资，每个人分工不同，形成了一个社群。因为印度土地私有化，所以地球村暂时很难拓展。我们还去了合一大学，和他们的校长也叫圣人坐在一起进行了交流。

印度之行让我认识到国人对印度的认识和看法有一定误解。因为我们太习惯于"看别人的短处，甚至用自己的长处跟别人的短处去比较"这种单一的思维模式。通过对印度的实地考察，我认为虽然印度的种姓、等级制度阻碍了它的发展，也有很多其他问题，但印度有很多长处和优点，特别是在精神层面，可能对其他国家、民族有不可低估的影响。例如合一大学在做的研究，包括地球村的概念，未来如能被政府、被社会、被富有者接受、推广的话，这个力量是不得了的。另外随着全球化，随着大部分人的觉悟慢慢提高，印度的优势会被充分认识到。

　　我曾经提出过这样的观点：19世纪是英国人的世纪，20世纪是美国人的世纪。很多学者会说：21世纪是中国人的世纪。我的理解是21世纪是美国人和中国人的世纪。今天我们或多或少已经感受到了。当然，我的意思是，21世纪人们从物质时代走向艺术和精神时代，中国人擅长于此，但是我们不能脱离物质，艺术、情感不能替代物质，它们是交融在一起不能分割的。延续这样的理解，我认为22世纪是美国人、中国人和印度人的世纪，包括人类身、心、神一体的满足，同样是综合交叉的。

II 建设国家品牌,提升文化软实力

国家品牌是文化软实力的重要体现

● 国家品牌与国家文化

大家都知道,国家不仅仅是一个政治体,也不仅仅是一个经济体,它还是一个文化体。自从有不同的文化区分以来,人类所有的文化个性都或多或少地处于与其他的文化个性竞争之中。文化是国家参与国际经济竞争和国际政治博弈的基础,从更深刻和更长远的角度来理解,所有的大国崛起都不只是经济物质层面的崛起,更根本的是文化的崛起,作为现代化的推动者和主导力量,发达国家在寻求一个开放的国际市场,通过强大的国际品牌定位来获取财富的同时,还在不遗余力地推广自己的文化和价值观,试图通过改造他国大众意识来建立文化支配权,在很大程度上把经济的全球化也变

成了一场文化扩张运动。面对这种激烈的竞争,任何国家都不应轻视自己的文化传统和资源。发达国家追求现代化的成功,并不意味着国家文化的丧失,而是为国家文化的复兴创造了条件。国家品牌的发展和壮大正是一个国家文化的积淀和传统历史积累,没有国家独特的文化作为依托,不可能诞生具有全球竞争力的国家品牌,没有优秀的国家文化作为支撑,国家品牌就无法让全世界产生深刻的认同。

● 建设国家品牌具有重要的理论价值和现实意义

中国经济逐渐向形态更高级、分工更复杂、结构更合理的阶段演化,经济发展进入了一个新常态,正从高速增长转向中高速增长。在新常态下,研究探讨建设国家品牌具有非常重要的理论价值和现实意义。首先国家品牌是转方式、调结构的重要支撑,经济发展要摆脱资源和环境的束缚,关键在于减弱要素的规模驱动力,让创新成为驱动发展新的引擎。品牌建设是创新的重要部分,没有品牌就谈不上对市场的占有和控制,创新成果也难以变成实实在在的产业活动。

其次,国家品牌是中国企业大规模走出去的坚强保障,在全球总需求不振的情况下,中国低成本比较优势也在发生转化,加紧培育新的比较优势,引导中国企业大规模地走出去,使出口继续对经济发展发挥支撑作用,离不开强有力的国家品牌做保障。

国家品牌是扩大内需抵御外部经济波动的重要抓手。一个比喻,说我们的模仿型排浪式消费阶段已经基本结束了，更加个性化多样化的消费渐成主流，消费升级趋愈发凸显，包括品牌建设在内，我们采用多种手段来创造新供给、激活新需求的重要性就显著上升了。同时我们也知道，认识新常态、适应新常态、引领新常态是当前和今后一个时期经济发展的大逻辑，我们迫切需要从国家层面上高度重视和研究以国家文化为基础的国家品牌战略，形成有利于中国国家品牌发展的政策、制度、舆论、外交、市场等良好环境和氛围，建立有助于中国国家品牌对内认知认同、对外传播接受的图解和方法。

● 一个品牌就是一个民间大使

从一定程度上来说，一个品牌就是一个民间大使。我们知道中国正在崛起，在这个过程中，我们其实也遭遇了一些新的挑战。古希腊历史学家修昔底德在他的作品《伯罗奔尼撒战争史》就讲到新的国家崛起，比如雅典的崛起，会对那些老的强盛的国家如斯巴达产生很大的威胁，他们会有一些恐惧，还有一些嫉妒，会产生一系列不信任、不理解，甚至会产生摩擦，最终战争不可避免。国际上有人把这个叫作修昔底德陷阱。他们总结了历史上很多例子，几乎没有什么例外，大部分都导向冲突，甚至还有战争。因此为了打破修昔底德陷阱，中国提出要通过建立新型的大国关系。这个陷阱可以努力避免，但是所谓的修昔底德效应仍然存在。在我们崛起的过程中，一些国家总是要制造一些麻烦，我们需要国家战略，建立新型国家关系；同时需要通过自己的文化软实力来消除这些效应，尽可能使中国的崛起能更加顺利。所以从这个意义上来说，国家品牌是文化软实力的重要体现，也是我们民间外交的一个重要保障。

● **品牌建设需要文化内涵**

据了解，软实力的概念最早是由美国哈佛大学教授约瑟夫·奈提出来的，我理解的软实力应该是文化的影响力、说服力和吸引力。文化对于经济发展、品牌建设的重要性的认识，是随着人们自身文化素养的提高而逐渐深化的，从中国产品到中国品牌的跨越，从中国制造向中国创造方向的发展，是历史性的又一次进步。从这个意义上讲，创建品牌、著名品牌、中国著名品牌和中国在世界上的著名品牌的历程，要实现可持续发展的目标，站在什么起点和什么位置并不重要，重要的是在向着什么方向前进。

品牌意识的觉悟和觉醒是任何经济体由大变强的重要标志和必由之路。品牌是怎样炼成的，创建品牌的关键是人，是人的素养和文化水平。品牌包含着品牌企业、品牌商品和品牌服务，不仅技术含量高，而且文化内涵深。品牌是商品和服务的有机融合，是企业技术与管理综合素质的结晶，是诚实守信的长期积累，是精卫填海、杜鹃啼血的艰苦历程。从品牌到著名品牌到世界著名品牌的轨迹，应该是市场经济逐渐走向成熟、经济体由大变强的发展之路和重要标志。重视品牌工作与否已经不再是市场竞争中的自选动作，而是企业发展壮大的必然选择。品牌创建是时间的函数，不可能一蹴而就,需要集腋成裘、聚沙成塔,实现优秀的质量、诚信的坚守、先进的管理、科学的工艺都需要时间,人们对物美价廉商品和服务的认识是反复比对的过程,那种急功近利、揠苗助长地培育品牌的做法,培育不出真正的品牌。

● 国家品牌和国家软实力的关系

从本质上看,国家品牌也可以界定为一个国家的文化个性、历史脉络、生活方式被世界人民所认识的共性特征。国家品牌作为消费者在长期的消费体验过程中所形成的印象,是对一个国家的产品和服务整体形象的认知和感受。国家品牌的内在规定性总是会以某种具体的外在特征表现出来,并在消费者心目中形成具体的印象。而这种印象一旦形成,在一个相当的历史时期将是比较稳定和不易改变的。

从狭义的视角分析,国家品牌和国家软实力之间存在这样一些联系:第一,特色的本国文化既是国家品牌的特质内涵,又是国家文化软实力的本质内涵。第二,国家品牌是国家文化软实力的传播载体,是"来源国"历史文明、物质文明、政治文明和生态文明的高度浓缩。通过商品、商标、历史古迹、广告、旅游、电视、报纸等多种形式在全球范围内传播本国的独特文化,从视觉、观感、体验、嗅觉等方面影响各国消费者及相关利益群体,使他们被国家文化所征服。第三,国家文化软实力能够提升国家品牌的价值。

国家品牌与国家文化软实力的挑战与对策

● 如何提高中国国家品牌的影响力

中国如何提高国家品牌的影响力？品牌是一种记忆、一种印象，文化是一种习惯。这种习惯如何使中国人在言行和产品当中折射出中国文化，其实就是提升国家品牌竞争力一个很重要的方面。

文化是民族的血脉，是人的精神家园，要增强文化自信，提升文化自觉。中华民族伟大复兴的中国梦不是今天才做的。作为伟大复兴的目标，一百多年来，不屈的中国人变法求强、改革创新，才有了今天这种局面。这本质上是中国有充分的文化自信，我们相信大国复兴的强国梦一定会通过文化复兴和发展而成为现实，中国人完全可以充满信心。这种自信与自觉体现在理论自信、道路自信、制度自信。

重塑文化自信才能再造中国的国魂，提升文化自觉才能彰显中国的文化魅力，从思想意识到行为规范，再到产品内涵，这是一个文化自觉的历史过程。这里面包括重塑社会主义的公平正义观；包括大力倡导以人为本的科学发展观；包括主动萃取民族文化的精华，清理文化垃圾，保持民族文化精神的纯粹性；包括以和为基础，构建中国和平和谐的文化，这在世界上也是得到认同的。而在明辨是非的基础上，如何构建中国新的义利观，都是我们要努力的方向。

● 把国家品牌建设上升为国家发展战略

应该把国家品牌建设上升为国家发展战略，在新一轮的竞争当中，发达国家再工业化——有的叫第三次工业革命；德国叫第四次工业革命，所以德国提出了一个工业 4.0 的概念，其实也是被认同的。在这些战略型新兴产业当中，中国不可能再继续依靠引进外国技术跟在后面发展，因为第三次工业革命有可能把后发国家的赶超路径彻底给封住。因此我们需要加大创新力度，深化体制改革，加快技术研发，加强自主知识产权的保护，推动产业升级、区域发展，所有这些问题都需要国家品牌来引领，所以未来如果没有国家品牌这个战略的引领，这些东西就像纲举目张，国家品牌战略是个纲，这个问题需要上升到国家发展战略层面。举措是这么几个方面：第一，国家需要品牌战略推动产业升级；第二，国家需要用品牌战略引导区域经济的发展；第三，国家实施品牌战略需要深化体制机制。

● 提升国家软实力、建设国家品牌的政策选择

提升国家软实力、建设国家品牌要加大政策引领、提升品质文化。我们国家长期的竞争是价格竞争。在早期研究品牌战略的时候，有一次我在一个研讨会上，听国内一位著名的经济学家提出，竞争说到底就是价格竞争。当然，在没有质量差异、没有品牌个性的时候，竞争可能就是价格竞争，但是到现在中国还要拼价格、拼成本，对不起，真是拼不了了，我们没有老本了。在这种情况下如何建立

科学先进的产品质量标准,用标准提升品质文化;如何从消费品质入手,强化消费者主权,用消费者挑剔的眼光来引领我们的产品质量的提升;如何从过程入手,提升品质文化的自觉性,这都是我们要深入研究的。

● 信用、创新文化与品牌

信用在特定的地点和特定的时间,可能就是个奢侈品。品牌的溢价其实就是来自信用。只有在各个领域清除谎言,才能真正树立品牌的根基。强化信用立法,推动信用文化建设,是保证品牌健康发展的关键。

在品牌发展的过程中,我们还要注重保护创新。创新是一个民族不断强大的生命意识,是国家品牌的生命活力源泉。保护创新就是保护国家品牌的民族基因,保护创新就是保护中华民族。我们应该通过政策和法规保护,锻造创新文化。

● 教育体制和文化体制影响文化软实力的打造

中国的教育体制和文化体制都不同程度地存在着不适应文化软实力打造的方面,需要从根本上加以改造。中国改革,恐怕没有真正改革的就是文化和教育。文化体制没有根本改变,教育体制就谈不上改革。青年是国家的未来,青年是民族的希望,青年的国家品牌意识决定了品牌建设工程的辉煌度。必须让我们的青年树立这样一种主体意识，出于自己的目的，在自己的责任面前，以自己的实际行动参与到塑造国家品牌的行动中。就一国的综合实力而言，经济反映的是今天，科技反映的是明天，教育反映的是后天，一国发展的后劲在教育，教育关乎人的素质和民族的未来。教育必须回归本质，而教育的本质首先在于塑造学生完美的人格品质，其次在于培养学习的生存技能，进而才是丰富学生的知识体系。

● **加大跨文化交流，努力打造和奠定中国文化的软实力**

跨文化交流实际上属于不同文明间的对话，难免会遇到阻碍跨文化交流的因素，主要是语言和信仰等方面。国家品牌战略是一项浩大的工程，努力打造和奠定中国文化的软实力，是从根本上夯实国家品牌战略的基础性工程。为此，国家需要从战略的高度给予足够的重视，并从具体的战略规划和政策措施上给予保证，才能通过文化软实力的建设，把国家品牌塑造成为具有世界影响力的强国品牌，向世界传递正能量。另外，我们希望成立国家品牌发展战略委员会，如韩国国家品牌发展战略委员会主任由总统兼任。韩国的国家品牌战略值得中国认真学习，参考借鉴。

III 研究历史，创造历史

● 研究历史的目的，是为了创造历史

我们认为唯有历史是不可以复制的。恒源祥公司的使命是成为历史的一部分，从而创造历史。

为什么说要创造历史？因为人的生命有限，如果你创造了历史，即使人不在了，但历史还在记忆、重复、描述，证明你还在那里。一个国家、一个组织、一个人其实都是活在人的记忆（历史）当中。有人的地方就有文化，没人的地方就没有文化。

● "研究历史，创造历史"的路径

一、探索研究方法

1. 总结出一个科学的研究方法或工具，如编入教科书，教人们用简单的方法看一个国家的文化个性。

2.目前我们提出的天相、地相、人相、信仰、制度这五个部分，各有哪些内容，通过探索还可以有其他方面的补充。

二、三步走

第一步：研究对象当下的文化个性是什么，其文化个性是从哪里来的。

第二步：研究对象的文化个性会让其走到哪里去，从文化个性中分析研究对象未来会怎么样。

第三步：我们需要改变哪些文化个性、建立哪些文化个性，才能让自身有个更美好的未来。

● "研究历史，创造历史" 的主体——人

文化是哪里来的？文化是因人而生，文化因人灭而灭。

探索国家的文化个性，一定是人的个性，叠加起来形成一个文化的总量。因为一个国家是由不同的组织构成，一个组织是由人构成。

看一个国家的当下文化是什么，要从人的衣食住行、怎么与人交往等生活方式上来研究。

● "研究历史，创造历史" 的建议

1.不同国家文化研究者在与社会上其他的学者们交流时，要多看、多交流、相互补充、相互借鉴，找到一个更科学的研究方法。

2. 与更多的相关专家、学者、官员、民间人员交流，因为只有与人的交往以后，才能全面正确地把握文化个性，而不仅仅是通过查阅资料，闭门造车。

3. 实地考察，主要是了解人们的衣食住行，了解人们的生活方式，进而了解文化的形成过程。

4. 在探索过程中，设计一到两个需要去调查的课题，这些调查课题可以委托专业的机构来做。

5. 在探索文化个性的方法上，既要按照约定的方法去思考，但又不限于这个约定；经费也不一定是强制，只要合理，就可以对经费做相应的增减调整。

6. 研究对象不限于国家，也可以启动探索其他区域文化。

7. 纯粹地探索文化个性，不牵涉政治，坚决不干预政治。

Ⅳ 文化护航国家命运

品牌国际化最关键在文化

● 中国应从文化大国成为文化输出大国

没有属于中国的、具有中国知识产权和发明专利的新思想、新观念、新科技和新艺术的不断问世,"中国制造"就无法升级,实现产品品牌化。因此说文化在品牌的国际化中最为关键,主动和系统地输出能够消除经济全球化所带来的不利影响,而且能为企业国际化进程加速、助力。因此,对于中国企业来讲,在用功能满足对方的需求之前,先要满足其对文化的认同。

2009年这一年,虽然全球经历百年不遇的金融危机,但中国人却有着那么一种"得意":国际货币基金组织

(IMF)公布的世界经济展望显示,2009年日本、美国和欧盟都陷入了负增长,中国却能维持8.5%的增长水平。中国对世界经济增长的贡献度将达1.02%,相当于全球经济增长率(2.2%)的一半。因此,没有人怀疑中国正在显露经济大国的本色,不动声色却蓄满力量。2009年,中国成为拯救全球经济危机的一支重要力量。

因为这场危机,中国对世界的影响力凸显,各国也在探寻支撑中国经济增长背后那只看不见的手——中国文化。由此,我们可以断言,中国文化"出口"全球之时机已经来临,中国应从文化大国成为文化输出的大国。

● 文化与国运的关系

一个国家的文化在一定意义上决定着一个国家的命运,这一文化的个性及其对全球需求的满足程度,决定了该国在全球的地位,文化是国家的终极竞争力。

文化,是人类创造的一切物质产品和精神产品的总和,是特定人群普遍自觉的观念和方式。比如春节团聚文化,不用动员,大家都回家,不管刮风下雨,不管路途远近,这种对春节普遍认同的观念和方式就是文化。清明节同样如此,很多人会去扫墓。这样统一的行动,为什么不用号召,不用法律规定就可以成为一种自觉?这是中国传统文化力量使然。文化是一种看不见的力量、一只摸不着的手,文化决定着人们的价值观，左右着人们的行为。可以这么说，当制度成为文化的时候，制度就不重要了；当个性成为文化的时候，个性也不重要了。认识到文化的特性，就会明白其威力。

各个国家的文化不同，因此各国人的思维方式也不同。只有明白了不同文化下思维的特质，才能明白我们为什么会是今天这个样子，今后要做什么、怎么做。不同的文化思维，导致了各个国家不同的经济发展水平，文化与一个国家的强弱有着重要关系。

> 美国的文化是做大，全球500强公司美国有200多家；德国文化严谨，精益求精，在精密制造上成为世界第一；日本由于资源贫乏，岛国文化，擅长精打细算，因而日本生产的东西成本低，小的东西最多；法国文化是时尚的、浪漫的，因此法国的香水最为世界所认同，法国的时尚产业也最发达。

综观世界上的国家，都处在地球不同的纬度上，高、中、低不同的纬度，不同的环境，与之相应的文化不同，创造财富的欲望和能力也不同。

一般来说，高纬度的国家因为冬天漫长，谷物生长周期长，为吃饱御寒，人就要有很强的创造物质的欲望，才能生存，因此高纬度国家的人生产的东西，外形多以大的、笨重的居多，而个人主义、资本主义、法制社会相对发达；中纬度国家创造物质的力量相对减弱，但比较丰富，它的集体主义、伦理、情感关系比较发达；而低纬度国家，因为四季温暖，不需要太多的努力就可以获得生存所需的基本物质，因此创造物质的欲望比较低，这时候更需要心灵的满足，与之适应，它的宗教比较发达。所以文化左右着每个人，无法逃避。也可以说，在一定意义上，一个地区、一个国家最终的命运取决于文化，有什么样的文化，就有什么样的命运。

● 金融危机背后的文化因素

由华尔街掀起的2008年金融风暴，曾演变为一场全球金融危机。从表面上看，金融风暴主要原因在于金融系统失控和信贷消费过度；但透过现象看本质，更深层的原因还在于金融危机背后的文化因素。

无限制地追逐财富，人类的贪欲被放大，科学在创造财富的同时，没有节制，负面效益就会出现，工业化的发展导致了环境污染、疾病升级，甚至失去伦理，引发一系列社会矛盾。

比如，男子通过精子捐献，让数百多名女子怀孕，这是多么大的科学事故。试想一下，这些孩子在以后的人生中如果相遇，不知道自己是同父异母、血脉相连的兄弟姐妹，相恋生子，将会产生多大的社会悲剧。

那场百年不遇的金融危机，是华尔街无限制地追逐财富的结果，是一个失败的金钱游戏。在这个游戏中，华尔街通过制造可以梦想发财的金融产品让全世界的人买，连根本没有投资能力的人也冲进场进行投资，有人看到周围人买了房子都在赚钱，觉得自己不买就是吃亏了，次级债受到投资者疯狂的追捧。可见，正是无限制扩张的消费和透支欲使投资者看不见风险。

鼓励冒险、追逐财富，在这样的金融文化下，人们似乎只想到了财富的一面，而忽视了危机，这样的金融文化是否缺少了一种保护、一种监管、一种安全？无论对于金融产品制造者，还是对于投资者，对于政府，都需要安全有保障的金融发展。

● 文化的浸透有如水煮青蛙

在这场金融风暴中受害的不仅是美国投资者、美国人民，连带欧洲、亚洲……几乎全球都未能幸免。这是一种金融文化浸透的结果。文化的浸透有如水煮青蛙，青蛙是在水渐渐升温中，对温度的感知麻木，最后死掉的，而文化浸透也是在不知不觉中进行的。

第二次世界大战后，发达资本主义国家发现，用武力来贯彻自身意志往往只能带来短期收效，通过推行文化战略来控制对方的文化才是长久之计。

文化产品在其他国家的大量倾销，已经成为美国最重要的文化渗透手段。文化价值观的认同会带来财富效应。米老鼠、肯德基、可口可乐为什么能够在中国长驱直入？这么简单的东西中国人造不出来吗？因为米老鼠、肯德基是美国的，它蕴含美国文化，美国文化使人"心向往之"。由此人们会在不知不觉中接受其价值观念、道德信仰，从而自觉地接受它的产品。

输出本国自身的文化，一向是大国文化战略的一部分。1964年美国外交事务委员会的报告——《赢得冷战：美国的意识形态攻势》称："在外交事务中，有些目标通过直接和外国的人民接触能够比和它们的政府接触更好地达到。在今天，通过通信技术和工具的中介，有可能接触到其他国家人口中重要而富有影响力的那部分人，从而给他们传达消息，左右他们的态度，甚至能成功地促使他们采取某些果断的行动。然后，这些团体就有能力对他们的政府施加相当大的影响。"

正是在这一指导思想下，美国构筑了自己强大的文化产业，好莱坞的巨制电影、三大电视网的娱乐节目、时代华纳的流行音乐等每年文化产业经营额达几千亿美元。文化产业视听产品在美国商品出口项目中排名第二，而且这种文化商品的传播跨越了地域时空的限制。在地球卫星的覆盖之下，可以说七大洲的每个角落都能接触美国文化。

美国文化的推进极大地加速了其推行的经济全球化进程。自由市场经济和自由贸易的规则大多数是在美国的主导下制定的，这在很大程度上体现了美国的国家利益。发展中国家在融入全球经济一体化中不得不让渡自己的一些经济利益，这其实是美国文化战略实施的结果。

正是注意到文化浸透的"水煮青蛙"效应，美国在全世界推广全球化战略时，它的文化全球化遭到反对。有趣的是，对美国文化全球化意见颇大的竟是它的欧洲盟友和美洲邻居，它们要求对文化这种特殊的资源设置贸易壁垒。其实质是这些国家已经意识到，如今的文化资源早已成了一种特殊的经济资本。

但是，文化的浸透和扩散是文明发达过程中无法避免的。我们不应该阻止，而应在文化的相互扩张性交流中输出我们的文化价值观。

没有文化输出，哪有"中国制造"升级的可能

● "中国制造"的困惑

我们一直困惑于"中国制造"在国外的产品卖价。一件同样的产品，如果是"日本制造""韩国制造"，会高于"中国制造"，甚至"印度制造""马来西亚制造"的产品价格也会高于"中国制造"，"中国制造"成了廉价产品的代名词。

因此，我们一直思考中国品牌为什么一直走不出国门？我们是制造大国，"中国制造"的产品遍布世界各个角落，但我们对产品没有定价权。我们的品牌走出国门不是受阻就是水土不服。我们是世界上羊毛使用量最多的国家，但我们在国际羊毛领域没有话语权，

这种现状比比皆是。

"中国制造"无法实现品牌国际化的困境是由中国文化在国外相对还处于弱势所致。与此同时，有关中国文化正在崛起的好消息也不断传来，中国科学院现代化研究中心发布的《中国现代化报告2009——文化现代化研究》显示，依据2005年世界各国的各项指标数据，中国的文化影响力指数在全世界排名第七，居于美国、德国、英国、法国、意大利、西班牙之后。

中国的力量正在从不同方面吸引全世界的人，现在全世界很多外国人在学中文。自2004年开始，中国每年接待1亿名以上的游客，故宫和兵马俑所吸引的游客超过了意大利佛罗伦萨的乌菲兹美术馆和罗马的竞技场。

即便如此，我们真的可以高兴了吗？中国文化影响力第七的数据，其实是一种忧虑，这说明中国文化的影响力与我们的经济、国力还不相匹配。中国是出口大国，但我们的文化产业出口却一直是逆差。在西方发达国家，文化产业在GDP中的比重较高，如日本文化产业的规模比电子业和汽车业还要大。

● "中国制造"升级实现产品品牌化

金融危机之下，"中国制造"神话的破灭提醒我们，没有大量属于中国的、具有中国知识产权和发明专利的新思想、新观念、新科技和新艺术的不断问世，"中国制造"就无法升级，实现产品品牌化。

文化在品牌的国际化中至为关键，主动和系统输出能够消除经济全球化所带来的不利影响，而且能为企业国际化进程加速、助力。因此，对于中国企业来讲，在用功满足对方的需求之前，先要满足对其文化的认同。

品牌文化具有长久的穿透力，建立什么样的文化，品牌就有了对应文化基因的价值取向，有文化的品牌才是有灵魂的品牌，这个品牌才会有生动的生命。品牌文化决定了这个品牌的生死存亡。塑造品牌的根本是文化因素，就是说品牌所蕴含的文化传统和企业核心价值取向，是决定一个品牌能否生存持久的关键。

由此，我们应该思考输出什么样的中国文化？首先是精神文化，有着五千年历史的中国，有着丰富的情感文化，"天人合一"是中国文化的经典；其次是艺术文化；第三才是具体的物质文化。只有我们的文化个性强而有力地支持中国经济的发展时，中国才会长久地屹立于世界强国之林。

V 文化多样性与中国特色

● 文化与文明多样性

文化是基于自然属性、社会属性和人与人之间交往的人性所形成的。文化在世界各地形成的条件不同，塑造了每个人、每个组织、每个地区的文化个性。当人们面对这些不同的文化时，文化将他们集聚起来，形成了一致的方向和目标，文明便出现了。在这个过程中，不同的文化个性在信仰、制度这类社会属性的影响下，逐渐统一和变得相对一致，就成为一种文明。在这种文明里，大家说一样的语言，有相似的思维方式，等等。其实文明也是一种文化，是人的习惯的进化。而这些慢慢形成的一个个文明体系，在不同的区域范围里也不同，所以我们在学习的过程当中，要理解文明的多样性。我们在尊重人的基础上，还要尊重不同的文明，尊重文明的多样性。

当然，生活在这个社会当中的人都有欲望，这种欲望从好的方面说是理想，或者是梦想，人性很容易将它放大和扩大。放在文明体系中理解的话，就是每一种文明都认为自己是优秀的文明。事实上，不管是哪一种文明，它跟文化的形成是一样的，因为"文化"是中性词。我也将"文明"理解为一个中性词，没有好与坏的绝对区分，关键还要看这个文明体系对社会、对人类所做的贡献，这是最主要的内涵与价值所在。

我们知道人类从诞生开始，便一直处在成长的过程中，是在如此不同的文化个性当中慢慢走到一起，寻找到更好的成长发展的路径、途径和空间。每一个人的习惯不一样，我们必须尊重每一个人的习惯，但我相信其中那些优秀的习惯、利他的习惯、能够为他人带来福祉的习惯，一定会得到重视和重用，得到尊敬和珍爱。如此，好的习惯形成了一种共识，合在一起产生更大的价值，这不仅仅对一个人，而且对一个组织，乃至整个社会都有更大的价值和用处。

这也是文明多样性的起点，中国的特色文化同样属于世界文明的一个组成部分。

文明多样性的概念非常抽象，在生活中如何去理解它？我想通过一些例子来做个简单的说明。

有一次，某国领导人到西班牙访问，与总统会面。但超过约定的时间15分钟了，总统还没有出现。该国领导人的秘书就问是否有什么变数，对方说没有。半小时左右，总统出现。

我曾多次去西班牙，我清楚：在他们的时间观念里，一般在约定时间的半小时以内都属于准点，不算迟到。西班牙人对时间的认识和把握是这样的，那世界上其他地区的人是否也一样呢？不是的。比如德国人以分秒来计时，尤其是他们的火车时刻表异常精准，所以对于德国人来说，时间是一个精确的概念。这就是文化与文化之间的区别所在。

在面对不同文化特性的个人或者文明群体时，我们要用不同的方式和方法与其交流与合作——面对性格严谨的人群，我们要精确把握时间、地点、事项等，而面对较为随和的人群，我们可以不拘一格，不必锱铢必较。

除了对时间的认识不一，还有一个有较大的认识分歧是对待金钱的态度。有些地区的人对金钱非常不敏感，他们更加注重精神生活，重视信仰和心灵，所以如果你跟他们讨论有关财富利益或者物质生活的问题，他们会对你嗤之以鼻；反之也是这样。总之，这个世界有非常注重时间观念的人，也有随时而至的人；有追逐名利之人，也有修身养性之人。

如果我们弄不清楚不同地区的文化个性，只用自己的习惯方式去对待和处理，可能会遇到非常大的问题，甚至会犯严重的错误，其中最大的一个错误便是"自以为是"。我记得有一年跟公司的青年员工开座谈会，我解说了历史对好人和坏人的评判。中国有句俗语叫"不以成败论英雄"，其实背后奉行一套自己独特的价值理念并进行价值判断。我们往往会站在自己的角度上思考问题，而忽略了别人的立场。按照常理，我们一般都认为自己是正确的。但如果转化成对方的立场，我们的认知可能就有问题，至少是有缺漏的。

所以，我们要采取怎样的一种态度和方式去理解事情呢？那就是"无我"。首先我们要认识、尊重文明的多样性；其次我们要通过学习、交流、研究等方式充分、深入地认识文明的多样性，这样世界才会友好和平，不同文化个性的个人、组织、地区之间才能相处融洽，多样的文明之间才会减少冲突，平衡同与异之间的关系。

● 文化与中国特色

其实，能平衡好不同文化个性、不同文明之间的差异是中国文化的特色。这是我们讨论的第二个话题——中国文化特色。

在研究中国文化案例的过程中，我们发现了一些有趣的现象。我们经常可以看到生活在北方的人喜欢喝冷水、喝冰啤酒，而南方人喜欢喝热水。如果我们一般性地去理解，北方属于高纬度地区，冬天天气严寒，应该喝热水才能抵御寒冷的气候；反之，南方夏天天气炎热，应该喝凉水来消暑。那真实情况为什么会相反呢？

我们发现在天地的作用下，人类在进化过程中逐渐地改变身体机能以适应气候，形成人体自身一个阴阳平衡的小宇宙。寒冷地区的人往往生理机能更为旺盛而属阳，故而喜欢喝冷水来平衡身体的阴阳；而南方人则相反。所以，阴阳平衡是中国文化的特色所在。阴阳平衡也可以理解为"中"，中国的中。

当南方人到了北方后，北方人在递水的时候如果站在自己的立场上给一杯冷水，可能会让对方觉得不舒服，恰当的方式就是递上一杯温水。这个"温"就是中国特色。

再看看当下动荡不安的国际环境。为什么安定不了呢？因为在全球化的潮流下，甚至是逆全球化的呼声中，不同的文化与文明之间不断地相互作用，甚至相互冲击。在这种局面下，我们更应该学会用中国传统的阴、阳、阴阳之际这种独特的方法论去理解。如果我们掌握了这种观念和方法，并落实在生活、工作、思想上的方方面面，我们就可以做到尊重多样性，尊重文明，尊重文化，尊重习惯。

每个人都有想要达到的目的，更有想要完成的使命，而拥有什么样的文化个性，就有什么样的命运。通过向多位导师和专家请教，我相信大家一定能够有所收获；我也希望大家能边学习边通过自己的努力实践，实现快速成长，真正把自己的文化个性建设好，把他人的文化理解好，让自己和他人都有很好的命运！

®

- 品牌建设的过程其实是企业成员个人文化建设的过程。有什么样文化个性的人就会成就什么样文化个性的品牌。
- 人的文化习惯和能力在生活中和工作中是相通的，可以相互影响、相互转化。
- 作为中国的品牌，恒源祥的品牌文化战略浸润了大量和谐的思想。恒源祥的使命是衣被天下，恒源祥的精神是为消费者的心满意足而全力以赴。
- "羊道"提倡包容与和谐，提倡创新与改变，提倡科学与可持续发展，这些即便对于现在来说，都是与社会发展同步的。
- 如果我们改变自己的思维习惯，从单向思维变成多向思维，特别是逆向思维的话，或许我们能出奇制胜，找到问题真正的出路，甚至开创一片"蓝海"。
- 有了这份爱与包容，经营者就会更容易地做到"用人所长"，那么对他而言"天下无不可用之人"。
- 要在当今的时代继续有所发展，我们还得坚持"半成品"的心态和思维：承认自己再厉害也是一个半成品，而且必须得是一个半成品。
- 从某种程度上讲，一个人、一个组织有没有钱，是由文化个性决定的，什么样的文化个性决定了什么样的贫富程度。
- 为了求得基业长青，我们需更好地发挥文化的积极作用，形成"无中生有"的思想和行为习惯。这是我们需要强化的文化个性。

3 Chapter

恒源祥的"羊文化"

I 恒源祥的文化基因

恒源祥的文化基因

● **研究沈莱舟文化，传承恒源祥文化基因**

2022年是恒源祥的创始人沈莱舟先生127周年诞辰。很多年前，在很多场合我都提出过沈莱舟的文化是恒源祥品牌文化的重要代表，我们会开专题会研讨他的文化，以及如何纪念他。

很多人都好奇，我为什么要如此重视研究沈莱舟的文化。也许是机缘巧合，我是1987年，也就是恒源祥创建60周年时来到恒源祥。很多人认为这是特意安排的结果，还问我现在的恒源祥和沈莱舟家族还有没有关系，问我是沈莱舟家里的什么人。我不是沈老先生的亲朋好友，我来恒源祥的那一年，沈老先生恰巧离世，我虽然与他从未谋面，但有一样东西将我们紧密联系在一起。大家会说当然是"恒源祥"的产业，但我想，更具体的应该是他留在恒源祥的文化基因。

我到恒源祥后做的第一件工作是了解恒源祥的历史，它是如何诞生，如何成长，又是如何发展的。在了解恒源祥的过程中，我认识到沈莱舟先生的文化习惯对恒源祥发展的决定性意义。

沈老先生14岁从苏州来到上海，从一个学徒起步，于33岁时创建恒源祥，在风云变幻的上海滩立稳脚跟，并最终将一家小小的毛线商店发展成为沪上的"绒线大王"。他身上必然隐藏着成功的密码。作为一个继任者，要想延续恒源祥的辉煌，我就必须做到"知其然，知其所以然"。所以，我是从模仿他的爱好和习惯开始的。大家都记得我常常半开玩笑地说，沈莱舟先生有四样习惯我也有：第一是喝酒，第二是抽烟，第三是做慈善，第四是收藏。现在我在这四个方面，相比沈老，都有过之而无不及。当然这是个慢慢累积、发展的过程，从中我逐渐感知到这些习惯表面上看似和做生意无关，但实际上关系十分密切，都和建立、提升品牌的知名度、美誉度和个性有关。

当然沈老先生的习惯还不止这些，就是这些林林总总的个人习惯，形成了他的文化（习惯即是文化）；造就了他的人生，包括他创办的恒源祥的事业；决定着为什么恒源祥在风起云涌的商海中可以出生，可以生长，可以长久。

通过对沈老先生的文化个性的体察和感悟，我延续了他经营的很多方法，用现在时髦的话来说是延续了他的文化基因，让恒源祥走到了今天。可以这样讲：如果没有发现并传承这些文化，恒源祥就不能存活到现在。

举个简单的例子：沈老先生创办恒源祥之初主要经营的是一家卖毛线的商店，因为毛线都是舶来品，所以受到洋货垄断市场等很多的阻力，沈老先生没有得过且过，坐以待毙，而是积极寻求突破。用现在的话说是以极大的勇气"摸着石头过河"，与人合资创办了中国最早的毛纺厂——裕民毛纺厂，生产中国自己的手编毛线，恒源祥的业务和资本规模因此得到了迅速的拓展。以后，沈莱舟先生又跨出自己的老本行，陆续在25个行业中参股，成就了恒源祥"绒线大王"的地位。

然而当我到恒源祥时，恒源祥却经历了一个轮回，又恢复成一家小小的绒线商店，同样面临发展的困境。我从沈老先生身上学到了"改变自己"的文化习惯，没有走做百货店的老路。现在回过头来看，如果我们故步自封的话，就会像原来的黄浦区百货公司那样被历史所淘汰。所以说，卖毛线的恒源祥之所以能生存下来，是因为我们改变了自己，这与继承和发扬沈莱舟的文化是绝对有关系的。

我相信现在还有很多做法都能在沈莱舟创立和发展恒源祥的过程中找到对应的文化基因，只是我们还不清晰。所以今天我们还要不断地探索、研究、学习他身上为人处世的理念，生活、工作的习惯等，让恒源祥文化基因的来龙去脉变得更加清晰。

沈老先生及恒源祥今天的经历可以清楚地告诉我们一个道理：品牌建设的过程其实是企业成员个人文化建设的过程。人有什么样的文化个性，就会成就什么样文化个性的品牌。所以，如果想让品牌给予消费者美好、独特、难忘的品牌记忆，我们就得从提升自己的文化个性做起，否则，所有的工作都是无本之木，空中楼阁。

我们之所以要大张旗鼓地研究、学习和宣传沈莱舟先生的文化，是因为他已经给恒源祥留下了一笔宝贵的文化财富，而且经过长期的实践检验，他的文化依然具有现实的指导意义。我们需要做的是把沈老先生的文化完整、清晰地挖掘出来，每个员工对照着这些优秀的文化习惯，从自己改起，大家合在一起形成一股力量，形成一个统一的品牌个性，注入我们与消费者接触的方方面面，如果我们能做到这一点，我相信恒源祥的文化一定会建设好，恒源祥的品牌事业也会更加辉煌。

● **用文化的方法建设品牌**

我们公司从一个小商店慢慢成长，经过三个而立之年，起起伏伏，当然我们的走向一路向好，一如既往，这是因为我们找到了，或者说在过去不知不觉当中找到了一条成长发展的道路，那就是如何做品牌，如何用文化的方法做品牌。我相信不仅我们的员工坚信这条路是对的，社会上更多人对我们用这条路走过来的方法也予以充分的肯定和赞赏。这坚定了我们要继续努力做好我们的品牌，坚决地响应选择用文化的方法去打造品牌的决心。我们公司也在努力寻求和社会各界精英、专家、学者一起参与探索什么是文化、什么是品牌、文化从哪里来、品牌从哪里来；用文化的方法做品牌的体系，来寻求我们为未来持续努力进步成长发展的方法。在这里我也呼吁全体员工通过组织交友，交往更多的社会资源、更多的学者，共同来探索什么是文化、什么是品牌，以使恒源祥在未来的成长当中不仅仅能够起到表率的作用，而且能够以此方法为社会提供有价值的经验。

文化的养成：大处着眼小处着手

● 大处着眼，人的文化习惯和能力相互影响、相互转化

我曾对公司的人事部门说过，有一个为企业挑选、面试重要人才的好方法——让应聘者准备一桌菜请大家吃。有人说：又不是招聘厨师，让他们烧菜做什么？其实不然。请客吃饭，最能见情、见性、见功力——买菜、配菜、烧菜、上菜、吃菜的过程，能看到他们了解需求、设计菜品、安排预算、购买原料、执行操作、评价总结等环节的表现，这些环节和做生意何其相似，所以从这个看似游戏的过程中，基本可以判断出这个（些）人的能力和文

化习惯，是否为适合企业发展的人才。

我举这个例子，不是为了推行这个方法，而是想说明一个道理：人的文化习惯和能力在生活中和工作中是相通的，可以相互影响、相互转化。举个简单的例子：一个家里乱成狗窝一样的人，我们不能过多指望他处理工作是井然有序、呈现的结果是清晰明了的。

中国有一组意思很相近的词："举一反三""闻一知十""问牛知马""融会贯通""触类旁通""一通百通"……说的基本是一个意思："道理"是相通的，当你明白某种道理后，你会得到获得这种"道理"的方法，有了方法，就不难做到由此及彼的提升和进步。

有了这样的认识，我们可以对一些事物的缘起、发展和未来有更深入的认识，另外对解决一些实际的问题有了全新的视角和更巧妙的方法。

● 小处着手，从生活方式看文化习惯

了解恒源祥创业史的人都对白手起家的沈莱舟先生最终能成为中华人民共和国成立前上海滩上的绒线大王心生敬佩，长期以来我们常常津津乐道于他传奇的经营手法及取得的成就，而很少问为什么。其实对于今天的我们来说，更有意义的是探求沈老先生何以至此，懂得了其中的道理，我们就可以在今后做到举一反三、融会贯通，把恒源祥的事业和文化更好地传承下去。

有人说：沈老先生故去多年，我们如何能了解他当时的所思所想。剖析现象背后的原委，直接提问当事人当然是最好、最直接、最准确的方法，但如果做不到，我们还有其他的方法。

这有点像猜谜，猜谜有猜谜的方法。我们所说的谜格就是解谜的途径和线索，如常见的卷帘格、徐妃格等。在破解沈老先生经营之道这个谜题时，我们选取的"谜格"不妨是他的文化习惯，比如说他的生活方式：他是如何吃穿住行，有怎样的兴趣爱好等。通过剖析具体的习惯，看其如何涵养出一个成功的企业家，并影响着他的经营管理。

沈老先生吃的习惯很有特点。首先突出的是对自己节俭，对他人丰厚。沈老先生最小的儿子沈光权回忆父亲时曾说过这样一段话："父亲一直有一种学徒情结，无论在他有钱的时候，还是失意的时候，他的生活总是很俭朴。我们小时候都不怎么愿意和他一起吃饭。譬如在外面吃饭，他只点几个菜，所以我们小时候都觉得父亲挺抠门的。他虽对家里人是蛮紧的，但他对朋友、对商界里的人是蛮大方的。"沈老先生对别人丰厚，还表现在他做得一手好菜。每当节庆，他都要亲自下厨，为员工们烧一桌丰盛的饭菜犒劳他们，还常用"吃法"向员工讲解自己的经营理念。从沈老先生有关吃的言行习惯中，我们最起码可以看出他"严于律己、宽以待人、以理服人"的品格。这种生活中的文化习惯，在他的经营活动中得到相同的体现。在日本侵占上海时，作为控制物质的毛条和绒线，是不能随便生产和销售的，恒源祥的发展陷入了谷底，倘若不是抗战胜利的话，恒源祥一定会破产。但即使在这样的情况下，老先生自己咬紧牙关坚持，却没有辞退过一个职工。他的这个决定，为抗战胜利后恒源祥能迅速恢复产销，并获得新的发展，凝聚了人心、储备了人才。

● 传承优秀的文化习惯，体悟为人处世之道、事业发展之道

沈老先生的文化习惯还有很多，通过对这些文化习惯的影响力研究，我们能更好地了解和体会沈老先生白手起家、取得如此成就的道理所在。通过研究，我们会更明白生活习惯看似微不足道，但对于经营企业其实有着重要的影响。在现实生活中，对自己的成败得失知先觉的人可谓凤毛麟角，一部分人是后知后觉，但更多的是木知木觉、不知不觉或者错知错觉，没弄明白从过去为什么会走到现在，更不明白如何从现在走到未来。

恒源祥在推进第五次转型之始就提出这样的观点：文化不变，一切都不会改变。恒源祥讲文化，简单而言就是习惯，习惯包括人活在这个世界上的方方面面。个人文化的差异就是我们成败得失，以及导致不同命运的根本。

受到沈老先生的启发，既然个人无论生活还是工作上的文化习惯都是一脉相传的，那么我们可以倒过来，通过学习、模仿沈老先生优秀的文化习惯，体悟为人处世之道，事业发展之道。这是看得

见、摸得着、方便入手的"捷径"。

　　恒源祥集团的价值观是"持续为社会创造价值"。我常常想：什么是社会需要的价值？优质的产品是价值，良好的服务是价值，但如果还能提供与众不同的见解和思想，那带给消费者的将是更为深刻的体验和记忆，这也将成为恒源祥持久生存、永续发展的源泉。

II 和谐是恒源祥联合体发展的主旋律

● 和谐究竟对恒源祥联合体有怎样的意义

2007年恒源祥联合体大会暨恒源祥80周年庆活动设计三大主题，分别是"80周年""奥运""和谐恒源祥"。与前两个主题相比，"和谐恒源祥"主题着重体现具有怎样的历史意义。我在联合体大会的开场白，结合恒源祥的历史经验和中国佛、道、儒从一般的"家"到"教"的发展历程，提出了中国"和谐"文化恢宏的力量。

和谐究竟对恒源祥联合体有怎样的意义，从而让我三令五申呢？

一、和谐恒源祥的发展之路是由社会的大趋势决定的

恒源祥一向以做中国的企业公民为己任——作为社会的一个细胞，从自身做起，构建和谐恒源祥，为营造和谐社会做出贡献被视作恒源祥义不容辞的责任。同时，作为奥运会的赞助商，更应该做出积极的表率，更好地实现恒源祥赞助奥运的目的——提升品牌价值。古人云："得道多助、失道寡助。"与行业、与社会和谐相处，

努力提高行业的盈利水准，努力为消费者创造价值，构建和谐恒源祥，能为品牌赢得更好的发展环境。

二、和谐恒源祥的发展之路是由恒源祥的发展态势决定的

回顾恒源祥90多年的历史，历数为人称道的第一，是"和谐"的结果，是与大自然、与市场、与同行业、与消费者合作的结果。恒源祥的创始人沈莱舟的经营轨迹中没有与人争斗的记录；恒源祥从走品牌经营之路开始，采用的是战略联盟的形式，在此基础上，建立了最初的生产、销售体系。1999年，恒源祥最早尝试特许经营的模式，使生产体系、销售体系日益扩大、成熟。虽然工厂、经销商和集团三者之间没有资产关系，但通过以共同的品牌价值为纽带，全国6万多的成员汇聚在品牌的大旗下，和谐相处、各展所长、相互补充，在短短几年里创造出单打独斗无法想象的巨大价值和未来的发展空间。

三、和谐恒源祥的发展之路是由市场发展的趋势决定的

全球经济进入一体化，企业迎来了联合的时代。2000年以后，汽车制造业、IT等产业的发展已经清晰地勾勒出未来企业发展趋势是聚焦于自身的核心业务，企业未来的获利空间不在于价值链有多长，而在于它是否能聚焦于自己最擅长的领域，然后做到第一和极致。这种趋势预示着企业需更好地把握企业的核心能力，从而变得更专业。这样的运营模式也意味着企业中非核心的业务将由社会的其他企业、组织或个人承担解决。企业间相互合作的关系将越发密切，甚至企业集群将取代企业集团。恒源祥的发展战略完全吻合于市场的发展规律——聚焦于品牌这一无形资产的经营，通过品牌带

动、提升生产链和销售链的价值。这种战略决定了只有价值链上的所有组成部分相互配合、各司其职、共同演进，才能谋求更大、更持久的发展。

四、和谐恒源祥的发展之路是由恒源祥文化战略与现状决定的

作为中国的民族品牌，恒源祥的品牌文化战略中浸润了大量和谐的思想。恒源祥的使命是衣被天下，恒源祥的精神是为消费者的心满意足而全力以赴。要完成这样的使命、体现这样的精神，最终赢得消费者的喜爱和忠诚，光靠一个人简直是天方夜谭，所以，我们需要依靠千千万万、一代又一代恒源祥联合体成员的齐心协力、众志成城。但就现状看，恒源祥联合体中的一些成员在产业运行、市场运行和工作运行的过程中，产生了一些不和谐的声音和行为，甚至还发生了一系列无意、有意、恶意的违规行为，对恒源祥品牌造成了不可挽回的伤害和损失，对恒源祥联合体所有成员的共同利益造成了极大的损害。为了营造一个更有利于恒源祥联合体整体发展的大环境，崇尚和谐、创造和谐是每一个恒源祥人应有的思维方式和行为准则，也只有与其他成员和谐相处，才能在联合体中、在市场上生存得更好、更长久。

● **和谐的真谛是多样性的统一**

和谐文化是中华五千年文化的精髓，"和谐意识"体现了中国文化的最高价值和智慧，具有强大的文化认同而产生的持续的力量。

追溯和谐思想，最早出自儒家"群经之首"的《周易》。"保合

"太和"是《周易》的核心思想。差异与统一、秩序与和谐的完美结合谓之"太和",即"和谐"的最高境界。

为了更准确地理解什么是和谐,我们要区分"和"与"同"的概念。在中国哲学中,"和"的含义很明确,就是包含着差异、矛盾、互为"他"物的对立面在内的事物多样性的统一,它是一个辩证的同一性概念;而"同"则是指无差别的同一,相同东西的简单相加。中国哲学有"和与同异""尚和去同"的辩证思维传统,孔子就明确主张"和而不同"而反对"同而不和"。

中国崇尚以和为贵、以和为善、以和为美的和谐文化,其理论基础、哲学根据就是"和而不同"或"不同而和",即包含着不同、差异、矛盾在内的多样性的统一。张岱年提出"兼容多端而相互和谐""兼赅众异而得其平衡"的"兼和"概念,也是包含着差异、矛盾在内的多样性的统一,可以说准确地表达了中国哲学中"和"这个概念的辩证含义。

我们通常"和""谐"连用。"八音克谐"是指多种声音(音律)的协调、谐和,也是多样性统一的意思。"谐"与"和"同义,两个字连在一起,就强化了"和"这个概念的辩证性,突出了它是包含着差异、矛盾的多样性统一的意义。如此说来,和谐好比和声,不是指大家都发出同一种声音,而是指有高、中、低不同的曲调,但最终能融合成完整、优美的旋律。从历史上看,中国采纳的是和谐文化,它能包容一切,吸纳全世界一切优秀的东西,并在此过程中去掉自己的恶习,使自己得以长久地生存和快速地成长。和谐恒源祥的缔造过程也是不同的声音共谱协调乐曲的过程。

● 如何打造和谐恒源祥

和谐的提出或许是因为存在着很多不和谐的东西，但和谐的思想为我们处理不同主体之间的利益冲突提供了一个切实可行而又积极有益的方法和思路。在谋求和谐的环境，赢得共同的发展之前，我们要充分理解以下与和谐恒源祥息息相关的几个概念。

一、文化与文明

什么是文化？文化是习惯。不同的人，不同的家庭，不同的企业，不同的民族养成了不同的习惯，也就构成了不同的文化。文化使每个人不一样。这种差异往往是与生俱来的，但不能因为存在差异而演变成冲突。我们要学会承认、尊重不同的文化。

什么是文明？文明是修养，是人们共同遵循的道德观念，譬如有礼貌、讲信用、为别人服务、为社会带来价值等。文明的原则得到越多的共识，文明的力量也就越强大。文明可以进化，文明让每一个人都变得一样。文明在某种意义上表现为高度一致的文化（习惯）。

企业拥有文明，拥有一致的文化、一致的行为，是企业良性循环最重要的体现和保障，往往能形成强大的合力，不仅能降低经营成本，而且能为企业赢强势的发展地位；反之，企业只能是一盘散沙。

为了让每个人的习惯提高到文明的程度，恒源祥文化在联合体中的导入将从导入文明行为开始。而文明行为的导入将从爱开始，以爱党、爱国、爱恒源祥为抓手。恒源祥联合体经营状况的优劣不仅仅要看经济指标,还要看文明程度的指标。

不同的文化转变为一致的文明,它的效果不是立竿见影的,但影响深远、作用巨大。这不是恒源祥的一时之计,而是百年大计、千年大计。

二、和谐与和平

和谐的核心是什么?和谐的核心是承认有不同,但需要有一个共同的衡量标准,并能用化解的方法融合、处理。这是一个不断进步、不断演变和转型的过程。"和而不同,兼容并蓄"说的就是这个道理。我们必须承认,历史上的矛盾都能用化解的方法解决。

和平是什么?和平就是平等。这个世界没有贵贱之分,每一个人平等相处就是和平。如果我们在市场中具备和平相处的意识,那即使存在不同的习惯和文化,也能朝着同一个方向努力,很多问题、矛盾就会迎刃而解。

三、知识与知识产权

知识是什么?知识是所知道的东西。知识不等于学历,人生经验、直觉(悟性)也是知识。

知识产权是什么?知识产权是国家、法律保护你所独享的知识。

知识人人都可以拥有,知识致富人人可行,但知识产权致富唯我可行。知识产权致富是知识致富的最高阶段。所以,有无知识已经变得不重要,重要的是要有知识产权,两者的差异构成人与人之间财富的差异。

要营造和谐的恒源祥,每一个恒源祥人要懂得知识与知识产权的差异导致财富的差异,要学会把知识变成知识产权,并充分地运用好知识产权。

四、问题和矛盾

恒源祥联合体中无法避免地充斥着各种各样的问题和矛盾（问题激化就变成矛盾）。为了更好地处理问题和矛盾，我们要正确地认识它们。首先，问题和矛盾是普遍存在的，人们无法避免，当然，失去了问题和矛盾，人生也将没有意义；其次，旧的问题和矛盾解决了，新的问题和矛盾又会接踵而至。

问题和矛盾虽然是普遍存在的，但我们要尽量避免问题和矛盾的爆发。最好的办法还是讲究和谐，求同存异，共同发展。

倡导和谐思想，培育和谐精神，建设"和谐恒源祥"肯定会面临许多困难与阻力。但从马克思主义的观点看，"和谐"不是空间概念，而是一种运动，是矛盾对立的统一的辩证关系。"和谐"状态是"和谐——不和谐——重新和谐"不断运动的过程。人类社会总是在矛盾运动中发展进步的。倡导建设"和谐恒源祥"必将是一个不断化解矛盾、管理危机、避免对抗的过程。为此，恒源祥联合体正在积极探索、创新营造和谐的恒源祥。

2004年，恒源祥联合体代表大会成立并确立了其为恒源祥联合体的最高权力机构，重要的职责是制定联合体的"游戏规则"。被广泛认同的"游戏规则"既是联合体成员的行为准则，又是妥善处理问题和矛盾的依据，体现了公开、公平、公正的原则，这是和谐恒源祥建设的重要保障。在2007年的联合体大会期间，通过全体代表的讨论、修改、表决，通过了《关于对恒源祥联合体违规行为定性的决定》，相信它将为和谐恒源祥的建设发挥积极的作用。

此外，我在加盟工厂大会上强调：每个联合体的成员要成为好的合作伙伴，为联合体创造更多的辉煌，而不要成为坏的合作伙伴，为联合体带来灾难。联合体将通过提高准入门槛，找到好的合作伙伴，而对于坏的合作伙伴将坚决予以清除。

有关和谐恒源祥建设的重要指示也被写进大会报告，内容包括："和谐要成为恒源祥联合体的主旋律，并渗透到工作的每一个部分。联合体内部的和谐重点在于工厂与工厂之间、产业与产业之间、经销商与经销商之间的和谐，特别在利益有所冲突时，要以和谐作为首要考虑的原则。为建设和谐恒源祥，联合体内还将继续围绕'爱党、爱国、爱恒源祥'展开工作，尤其是恒源祥联合体党、工、团建设，作为品牌无形资产经营的重要工作，加大集团党、工、团工作对整个联合体的辐射，以建立学习型企业、学习型班组为突破口，充分发挥党、工、团示范单位和党员的先进模范带头作用，积极推动和谐恒源祥的建设。"

构建和谐恒源祥是联合体共同的理想，将是一个长期的、分阶段过程，需要历经两个阶段：法理阶段的和谐和伦理阶段的和谐，前者是和谐的基础阶段，后者则是成熟阶段。实现恒源祥的和谐会从基础阶段开始，以对成员权利的诉求为实现路径的开端，在集团、工厂、经销商相互博弈过程中达到多方利益的相对平衡，尔后向成熟阶段发展；以对他人和社会承担义务和责任的首要诉求为实现路径的开端，通过内敛与自我约束而达到非博弈状态下的利益平衡。这才是理想状态下的和谐恒源祥。相信联合体"游戏规则"的制定和文化战略的导入将成为推动恒源祥和谐发展的双轮。

Ⅲ 企业文化的"狼羊之辩"

● 企业文化的"狼羊之辩"

在面临全球化竞争的今天,中国企业文化的发展应该走"狼道",还是"羊道"?一场关于企业文化的"狼羊之辩"曾经在北京大学、清华大学、中央民族大学等高校与恒源祥集团之间激烈展开。

恒源祥集团在招聘中公开表示:"我们不提倡'狼道',我们信奉'羊道'。"它对自身"羊道"文化的概括将与在各大企业中盛行的"狼道"文化形成鲜明对比。

2004年,随着一部《狼图腾》的小说持续畅销,人们对狼的生存哲学和发展精神有了全新的认识。一时间,中国传承了几千年的儒"羊文化"渐渐淡出人们的视野,"羊"成了弱者的代表,推行"羊道"仿佛就意味着与成功无缘。其实,人们对于"狼道"的推崇源于对"羊道"的误解。"羊道"提倡包容与和谐,提倡创新与改变,提倡科学与可持续发展,这些即便对于现在来说,都是与社会发展同步的。

● 企业发展的"狼羊之争"

事实上，企业要发展，并不只有靠"狼道"才能使企业摆脱竞争的泥潭。恒源祥曾发生过一次"狼羊之争"。众所周知，手编绒线被称为是一个"夕阳产业"，在机制毛衣多如牛毛的时代，已经没有什么人会买绒线自己打毛衣了。而同时，由于绒线生产工艺相对简单，绒线市场鱼龙混杂，绒线价格一度低得不能再低。恒源祥要保住自己的市场份额，降价似乎是唯一可行的手段。是强行降价，像"狼"一样夺回份额；还是维持原价，像"羊"一样紧缩生产？在恒源祥绒线股东间展开了一场关于恒源祥绒线价格的"狼羊之争"。最终，恒源祥选择了维持原价，紧缩生产；同时，将自己的绒线利润用于工厂的排污建设工程。

事实证明，恒源祥这步走对了，在降价风潮中，其他绒线的品牌不堪重负，相继退出市场，销声匿迹。而恒源祥却保住了自己的那块利润，并开始了可持续发展的品牌之路。

● 以"羊文化"为核心的企业文化

恒源祥确立了以"羊文化"为核心的企业文化，通过实施品牌战略，开创了以小企业、大品牌为特色的发展道路，充分利用恒源祥品牌的无形资产调动和组合社会资源，组成特许生产和特许经营、连锁经营战略联盟,实现规模经营和快速扩张,同时积极开展技术创新,利用高新技术改造和提升传统产业,使恒源祥迅速成为国内手编绒线乃至毛纺行业的龙头企业和中国著名品牌。

中国传承了几千年的"儒羊文化",自有值得借鉴的地方。而"狼道"的精神更多的是强调竞争,以及对利益的追求。"羊道"对竞争的看法完全不同于"狼道"。在草原上,因为羊相对于狼是弱者,所以它追求的一定不是对抗性,而是创造性。因此,我一直说要做别人想不到、做不到、发现不到的好事。不要试图把一件事做到最好,而要努力寻找一件更好的事情来做。

在恒源祥的企业文化中赫然写着:恒源祥不研究竞争对手。我对此的解释是,研究竞争对手只能加速死亡;研究竞争对手,你就很容易复制对方,复制对方其实只能使你变得和别人一样,这样同道竞争只能是你死我活。

我对"羊道"的总结是,追求创造性,而不是对抗性的战略方法;追求品牌价值创新,而不是争抢日益缩减的市场份额;追求成功的定律,而不是陷于激烈竞争的泥潭。

随着知识经济时代的到来,全球竞争变得更加激烈,自然资源和资本的优势不再是企业成功的关键。而作为生产力中重要组成部分的人力资源,对企业发展的作用越来越大。"羊道"企业相对宽松的企业氛围,以及以人为本的"羊道"精神,使越来越多的高端人才不断涌入这类企业中,这正使"羊道"企业在竞争中开始显现不同一般的竞争优势。

Ⅳ 用逆向思维破局

逆向思维

● 避免"羊群效应"多用逆向思维

现在市场环境不利是大家的共识,但是古往今来,不利的市场环境时有发生,为什么很多"百年老店"历经风雨,仍保持基业长青?人们常说,方法总比困难多。我想在困境中自然有破解之道。

在破局的过程中,有很多似是而非的做法,开始时引得大家纷纷说好,跃跃欲试,这时我们要提高警惕,注意避免"羊群效应"。经济学里经常用"羊群效应"来描述经济个体的从众跟风心理。羊群组织平时看起来很松散,有时还有些莽撞,但一旦有一只头羊动起来,其他的羊也会不假思索地一哄而上,全然不顾前面可能有狼或者不远处有更好的草。

法国科学家让－亨利·法布尔曾经做过一个实验——松毛虫实验。他把若干松毛虫放在一个花盆的边缘，使其首尾相接成一圈；在花盆旁松毛虫附近，又撒了一些松毛虫喜欢吃的松叶。因为首尾相接，松毛虫开始一条跟一条绕着花盆一圈又一圈地走。这一走就是七天七夜，饥饿劳累的松毛虫尽数死去。而可悲的是，只要其中任何一条稍微改变路线就能吃到嘴边的松叶。

动物如此，人也不见得更高明。"羊群效应"就是比喻人们都有一种从众心理，别人怎么做，我就顺势而为，跟着也这样做，以为群众的眼睛是雪亮的，相信大家的智慧，自己的风险就小。于是一片片"红海"就诞生了，大家挤上一座"独木桥"，斗得你死我活，结果自然是绝大多数的人都没有得到什么好处，更不要谈找到真正的出路。

从众心理的背后往往是单向思维、习惯性思维在作祟。如果我们改变自己的思维习惯，从单向思维变成多向思维，特别是逆向思维的话，或许我们能出奇制胜，找到问题真正的出路，甚至开创一片"蓝海"。

● 两个"逆向思维"的小故事

也许我是"左撇子"的缘故吧，我习惯反着来看事情、想问题。在这里，先讲两个"逆向思维"的小故事。

1992年，巴塞罗那奥运会结束后，获奖运动员成为社会、媒体关注的焦点，在上海也不例外，当时很多组织、企业时兴给获奖者颁发各种荣誉和奖励，这样的报道充斥着媒体。作为一个和体育有着深厚渊源的企业，恒源祥此时如何成为大家的兴趣点呢？我想，如果恒源祥再按常规做法给获奖运动员发奖金，钱不少花，但未必能取得预期的效果。"逆向思维"的习惯帮助了我，当大家关注风光无限的获奖者的时候，我认为那些没有获奖，但在赛场上奋力拼搏的运动员同样值得我们敬仰和学习。于是我提出创意，并联合相关组织和媒体举办了一场活动——给近30位参加奥运会，但没有获奖的上海运动员颁发了奖金。奖金虽然不多，但各方的反响特别好，尤其是媒体给予了充分的报道，因为恒源祥的立意好、做法新。这件事的影响力还没有结束，时至今日，社会对未获奖运动员的关注，已经成为一种习惯。

　　另外一个故事发生在2004年春节前。当时社会的热点是农民工讨薪和农民工返乡，见诸报端的大体是哪些企业被曝光拖欠薪资，哪些企业包车、代买车票送农民工回家。恒源祥在这片"红海"中如何突围呢？我的做法同样是反其道而行之——别人送回去，我就请进来，恒源祥邀请外来务工者在上海过大年。1月19日那一天，集团部分农民工家属来上海过大年，我和集团干部亲自下厨，大家包饺子、煮汤圆，在上海吃年夜饭。因为与众不同的做法，打开了大家的思路，这则新闻不但上了报纸的头条，此后留农民工在工作地过年也成为一种风潮。

正如在让-亨利·法布尔的实验中，松毛虫稍微改变路线就能吃到嘴边的松叶。这个社会不缺乏资源，也不缺乏需求，缺乏的是认识这些资源、满足这些需求创新的视角和思维习惯，这是至为重要的"点金指"。

● 如何拥有逆向思维

在《恒源祥21世纪战略蓝图》中有关于价值转移的论述，原来是七个方面，分别是"从竞争到互补""从相同到不同""从商标特许权到经营特许权""从名羊到儒商""从产品创新到业务创新""从经营品牌到经营经验""从模糊到敏捷"，后来我在这七点外又加了一点从"单向思维到多向思维"，并把它列为第一点。之所以如此做，是因为如果思维习惯不改变，我们就无法实现后面的七点，也达不到恒源祥21世纪的战略意图和战略取向：不可为而为之——做别人想不到、做不到、发现不到、理不到的好事。

那究竟什么是逆向思维？如何拥有逆向思维的习惯？

所谓逆向思维，是指与一般思维方向相反的思维方式，也称反向思维或求异思维，有人称"倒过来想"。它指人们为达到一定目标，从相反的角度来思考问题，从中引导启发思维的方法。它是一种重要的思维方式，是对司空见惯的、似乎已成定论的事物或观点反过来思考的一种思维方式，但它并不是主张人们在思考时违逆常规、不受限制地胡思乱想，而是训练一种小概率思维模式，即在思维活动中关注小概率可能性的思维。

因为人们惯于单向思维，难以做到逆向思维，所以这种能力和习惯的形成需要一定的训练。

首先，随时提醒自己想问题时用常规思路想过后，反过来再想一想，如果想到了常规的解决方法和创新的解决方法，优选创新的那个。这样做一开始有些刻意和不习惯，但时间一长，就会变得自然而然。恒源祥的很多发展之所以被人称道，就在于别人做产品时，我们做品牌；别人谈竞争时，我们想合作；别人强调"狼道"时，我们重申"羊道"……诸如此类的种种"背道而驰"。

其次，注意广泛地学习。逆向思维的能力不是生来就有，需要丰富的信息、知识，其他技能的滋养，特别是学习自身专业领域以外的东西，例如搞科学的学点艺术，从矛盾中寻找到差异化思维的养料。平时，我们还可以做一些有助于提高我们逆向思维能力的游戏，看一些与这种能力有关的案例，自己总结方法，在遇到困难时，从自己知道的好方法中获得启发，寻找更好的解决方法。

关于提高逆向思维能力的游戏，我很早以前就提倡大家学着用左手做点事情，例如拿筷子吃饭、用鼠标等，这主要是为了开发右脑。我们平常一直用右手，所以左脑发达，但惯用左脑很容易形成思维定式。如果右脑掌管的形象思维能积极地加入进来，则有助于形成逆向甚至多向思维的习惯。

反其道而行之

● 反其道而行之——开源节流

早些年前有一次在开封旅游,我看到一位上了年纪的老妈妈在卖《清明上河图》的印刷品,是一个卷轴,卖相很精致,开价90元,随行的同事想还价,我连忙阻止了他。我问老妈妈:"100元卖不卖?"老妈妈一听愣住了,她碰到的所有人买东西都是砍价,哪有加价的。她很高兴地把卷轴卖给了我。

我当然不是钱多到烫手,而是我看到了它的价值,而且已经想好了如何实现、提升它更新、更高的价值——我准备送给我喜欢中国文化的外国朋友,向他介绍《清明上河图》的故事、中国绘画的艺术特色等,我相信他拿到这个礼品,哪怕这仅是个复制品也会很高兴,其中的价值远远超过90元、100元。

因此我想到中国人的一句古话:开源节流。大家做生意时的思维习惯是,往往先想到节流,表现在花大量的时间、精力在讨价还价上,还常常还为了一点蝇头小利,伤了双方的和气,断了彼此的生意。我想与其在讨价还价上下功夫,不如想想如何提升要买的东西的价值,这在某种意义上就是"开源"。想好了这点,自然可以"消化"相对更高的成本,这样做当然不是浪费,更不是为了"炫富"，而是可以吸引市场上更优质的资源向自己靠拢和积聚，为进一步的"开源"奠定基础。

● 反其道而行之——借钱

大家都担心被借钱，有些朋友也曾向我借钱。我基本会问他们三个问题，第一个问题："为什么事情借？"他们往往说：想做生意，缺一点启动资金。我紧跟着问第二个问题："想借多少？"他们报出个数字，这里我假设对方找我借10万。我问的第三个问题是："好的，我不仅可以借给你10万，甚至还可以借给你100万，但你要告诉我，多出来的90万，你准备用在什么地方？"大多数的借钱者回答不出或者回答不好这个问题。

有时想做生意的人不是缺钱，而是缺想法，缺能力。这些年，市场都认识到了品牌的重要性，都想做品牌，大多数的做法就是高价请明星代言或者是做各类媒体的广告，希望借此一下打造出国内，最好是像国际一线大牌那样的知名品牌来。结果怎样呢？钱没少花，但往往昙花一现，不可持续，更有甚者把企业也搭了进去。大家心向往之的大牌真的是"万灵丹"吗？我曾提出一个问题：如果可口可乐公司把"可口可乐"这个品牌送给你，你能否保证它未来一百年的辉煌？我想答案是不言而喻的。所以，我们应该认清自己到底缺什么。我想大家缺的不是是否拥有品牌，而是经营品牌的能力。

如果不具备这样的能力，拥有再多的钱、再好的资源都是没有太大意义的。弄不好反而会害了自己。

● 反其道而行之——手下

无论是联合体成员，还是外部的嘉宾领导，有时看到公司的员工工作出色，免不了要向我夸奖几句："你的手下真能干！"我往往会说："他们不是我的手下！"他们看看我，说："明明就是公司的员工，自然就是你的手下，怎么能说不是呢？"我告诉他们："他们不是我的'手下'，他们是我的掌上明珠。"

同样一群人，被看成是"手下"还是"掌珠"，感觉肯定完全不一样；同样一件事，例如工作，看成是"职业"，还是"事业"，感觉肯定也完全不一样。认识决定行动，表现在言行上定会不同，结果也会有很大的差异。即便有些人能假装，但也只能装一时，不能装一世。正所谓：路遥知马力，日久见人心。

虽然人无完人，但我希望经营者将自己的员工都视为掌上明珠。大家都有经验，被看成"掌上明珠"的子女，纵有缺点，但会被包容。有了这份爱与包容，经营者就会更容易地做到"用人所长"，那么对他而言"天下无不可用之人"；反之，如果缺乏这种爱与包容，那么对他而言"天下就无可用之人"。对广大员工而言，我希望大家都能把自己的工作当成一份事业来追求，而不是一个职业以谋生。

管理大师彼得·德鲁克曾经讲过三个石匠的故事。有人问三个石匠在做什么。第一个石匠说："我在混口饭吃。"第二个石匠一边敲打石块，一边说："我在做全国数一数二的石匠活。"第三个石匠停下来，凝神望着远方的天空说："我在建造一所世界上最有特色的大教堂。"十年之后，第一个石匠手艺毫无长进，被老板炒了鱿鱼；第二个虽然勉强保住了自己的饭碗，但还只是普普通通的泥水匠；第三个石匠却成了著名的建筑师。

● **反其道而行之——批评和表扬**

很多管理学的书籍告诉我们：表扬人的时候要公开，要当着大家的面；而批评人的时候，要私下里交谈。

我的想法刚好相反，我认为有时表扬人可以私底下表扬，不要当着大家的面；而批评，需要当面说出来，不要私底下论人家的长短。

我之所以这么提，是因为现在这个社会，"捧杀"和背后"批评"都变成了一种社会现象。当着众人表扬人，特别是过分地夸奖或吹捧，容易让人骄傲自满，不知自己几斤几两；而当面意见不提，背后"批评"个没完没了，不利于这个人了解改正缺点不说，更助长了搬弄是非的歪风邪气。我十分讨厌有人到我办公室，说某某人有哪些哪些不好的地方。我一般会问他两个问题：第一，这个人有什么好的地方吗？第二，你向这个人说过对他的意见吗？或者问他：

"刚才对我说的那些话,你能当面和他再说一遍吗?"很多人被我问得哑口无言。当着众人的面批评人,好似让人面子受损,但只要客观公允、不做人身攻击,自然还是能被接受。批评者坦荡,被批评者也能更好地"有则改之,无则加勉",总体是利大于弊的。

V "半成品"思维

● 坚持"半成品"的心态和思维

在中国人做事的习惯中,有一点特别不好,就是喜欢关起门来自己做事,认为把自己的事情做好就可以了。恒源祥也不能免俗。现在做很多事情不要说对外界开放,公司内部都把门关起来,横向合作的习惯十分欠缺。

但是社会发展至今,大家或多或少都能感受到关起门来发展已经没有出路:无论事物的发展,还是商业模式的运营都是一个系统,而且社会的分工决定着一个人、一个组织都难以自成完整的系统;即便可以成为一个系统,从其效率、效益而言都无法实现资源的最优配置和价值的最大化。所以,我们每一个人、每一个组织都必须承认,自己只是系统中的一个组成部分。记得我在2011年第三届全球感官论坛的总结发言中,就给了这种状态一个新的说法:我们都是"半成品"。

我的"半成品"思维由来已久。记得20世纪90年代初，恒源祥的规模不是很大，但每年投入的广告费却很多，上级领导就批评我不务正业，乱花钱。其实是他们不理解，我做的都是正经事——建立一个以品牌为核心的系统，其中的关键就是打造恒源祥的无形资产，所以我在这方面花了很多钱和精力。现在大家都理解了，如果当时我们没有打造无形资产这一系统核心，就没有现在的恒源祥联合体。从最初的恒源祥加盟体，到现在的恒源祥联合体，就是一个系统——集团也好，工厂也好，零售终端也好，都是半成品，我们走到一起，组成了一个"成品"，在短短的二三十年的时间里，取得了有目共睹的成绩，让体系中的每个组成部分都获得了利益。所以，要在当今的时代继续有所发展，我们还得坚持"半成品"的心态和思维：承认自己再厉害也是一个半成品，而且必须得是一个半成品，这是一份正确的战略蓝图必备的条件。因为心中有蓝图，所以我们清楚最终成品是什么样的，我们还需要哪些半成品成就完整的成品。梳理完之后就会知道自己在哪里，要做什么，不要做什么，这很重要。

● 好的"半成品"思维必须具备的观念

要让好的"半成品"思维行之有效，还必须具备以下观念。

首先，我们要找的合作伙伴（其他的"半成品"），必须是合适的。好多同事在介绍项目的时候会把国内、国际的很多资源，行业的资源，朋友的资源都说出来，在此基础上，我们要具体理一下哪些是完成整个系统需要的"半成品"。

其次,我们要找的合作伙伴(其他的"半成品"),得是一流的、最好的。有些人自己是一流的,但是喜欢和二流、三流的人和物搭在一起,那么一流的也变成二流、三流的了。假如我们是二流的,和一流的在一起,时间长了我们就提升上去了。在恒源祥,这样的案例很多,很典型。恒源祥为什么要赞助奥运会?为什么要赞助劳伦斯?一个很重要的原因就是向人家学习,学习当然要交学费,虽然这学费很贵,有时有点不舍得,但是还得交,因为这些品牌十分高端,有太多太多人认识这个品牌,我们通过这样的对接方法让自己变得更接近一流。

在与一流资源交流的过程中,要学会主动。例如每年举行的国际毛纺组织年会,是这个组织的国际委员参加的会议,恒源祥原本和它没有太大关系,但是恒源祥从 1998 年开始,争取到像组织的国际委员一样去参加会议。通过这样的平台不断地了解信息,结交朋友,我觉得对我们从事的羊毛产业有极大帮助。其中的道理很简单,在某种意义上,这个世界,各行各业是由很多不同的组织控制的,如果我们和那些组织没有关系,与他们讨论的事情没有关系,他们制定"游戏规则"时也没有参与,我们就只能被控制,就只能跟着他们的"游戏规则"走。因此,我们要进入这些组织,一方面取得主动权,不轻易被人控制;另一方面也能不断地促进和推动组织朝着有利于自己的方面变革。

大家都会奇怪,我每年为什么会与那么多看似与恒源祥产业不相关的人或者组织交流,其实我做的就是接近实质掌控这个世界的人或者组织。我们需要去了解他们的"游戏"及其规则，如果我们不去了解就会被掌控，就不可能使我们从事的事业有新的气象，不可能在未来的世界留下我们深深的印记。我们还有多少时间去做这件事呢？我希望大家能够在这问题上做些思考，与高层次的人多交流，当然我知道接触到这些层面是很难的，但我们必须迎难而上。

最后，我们要找的合作伙伴（其他的"半成品"），要用好公司内部已有的资源。

有一次会议期间，我提到了小囡项目组的人员请站起来，结果全体都站起来了。这是恒源祥要做的事情，是与每个人都有关系的事情，所以每个人都要想如何与它搭上关系。

讲到劳伦斯，我们当中有多少人会思考与劳伦斯的关系？有多少人想去了解劳伦斯？我平时不上网，但我会关注很多事情。可以说在公司里能够说劳伦斯的，除了项目组，绝大部分人肯定讲不过我。有人会说：你是董事长，你应该都知道。都知道的是董事长，那你知道的多了也可以成为董事长。一样的道理，你和一流的资源在一起了，什么事你都关注了，什么事都掌控了，什么事大家都听你意见了，你以后就是这个企业的"董事长"。

对公司要做的事情，我们每个人都应该参与，这样可以把投入产出比变得最大。公司每年花下去的钱一定要有回报，所以我们全体成员都应该积极地参与到这些工作中去。每个人都应该想：我花了1亿，我要拿回来，如何拿回来。

我讲的核心问题是"半成品"的心态和思维，我们不应该再去想自己可以做全部的事情，而是应该把自己、把项目、把部门、把公司……打开，找到更多符合要求的"半成品"，这对实现我们的未来至关重要，只有形成了这样一种力量，我们才会有希望。

VI 要想真富有，先建好文化

● 企业购并的 6.0 时代——文化的融合

2015 年 10 月，我参加了在葡萄牙卡斯卡伊斯举行的第十一届环球中国商务会议，这是我第二次参加这个会议。第一次是在 2014 年，举办地是德国汉堡。这个商务会议的参会者来自世界各地，每次 300～500 人。

记得在 2014 年的会议上，我有一个演讲，主题是企业的购并已经进入 6.0 时代。会后有很多人找我聊天，包括很多老外，他们想要知道我在演讲中没有介绍的购并的 5.0、4.0、3.0、2.0、1.0 时代分别是什么。当他们得知我将要参加第十一届会议的时候，就一定要求我再演讲，所以我又有了一次演讲。这里我把这两次的内容做个串讲。

为什么我能讲企业的购并？因为早在恒源祥集团制定《恒源祥 21 世纪战略蓝图》时，就对全球已经发生过的五次购并潮的形态做了探索和研究。世界级的企业间的购并主要发生在美国，因为美国的经济总量世界第一，世界五百强企业最多，世界前一百名品牌拥有量最多，所以购并的形态都是以美国企业在全球实施的拓展所形成的各种浪潮。

世界第一次购并浪潮发生在19世纪末，我们把它称为"大鱼吃小鱼"，就是大企业收购小企业。第一次世界大战结束后，大概在20世纪20年代到30年代，全球发生了第二次购并浪潮，它的形态是"关联购并"，就是在一个产业、一个行业相关联的企业当中，规模比较大的企业吃掉规模比较小的企业，形成更大的价值链体系。第三次购并浪潮是在第二次世界大战结束以后的50年代，发生了"大鱼吃大鱼"的购并浪潮，就是大企业兼并大企业。到了70年代，世界的购并浪潮已经开始形成了小的、创新型、变化快、发展迅速的企业吃掉那些大的、传统的、变化慢、发展滞缓的企业，形象的说法就是"蛇吞象""小鱼吃大鱼"。第五次购并浪潮发生在20世纪90年代，它的形态是战略联盟，不是谁收购谁的问题，是各自的资产进行评估后，再进行资产重组，确认在新的合并企业当中各自的股份比例。

从20世纪90年代末到21世纪初，我参加过很多国内外行业、专业的论坛，听到大家谈论企业拓展、开展购并的话题，大家的基本思路都是先把企业做大、资本做强，然后去收购小的企业。我认为这还是100多年前的思维模式，放在今天看，战略联盟也已经升级到购并的6.0时代——文化的融合。

● 文化相容问题

虽然很多人认为"世界是平的",但不能否认的是很多企业处在不同的地域,拥有不同的宗教,所以形成了截然不同的文化。这些文化不同的企业如果实施购并,但不进行文化融合,两者间的合作是不可能持续下去的。

世界上最典型的案例就是德国的奔驰公司和美国的克莱斯勒公司的战略合作,发生在20世纪90年代。当时正是起草恒源祥集团战略报告的时候,我们起草组成员讨论过这两家企业购并的问题,我们的判断是不出十年他们肯定会分开。为什么呢?因为德国的管理文化和美国的管理文化是完全不同的,作为一个联盟企业要持续下去,文化相容问题得不到解决,是不能持续下去的。事实确实如此,到了2007年,也就是两家公司战略联盟9周年之际,他们就各奔东西了。现在克莱斯勒公司和奔驰公司仍是两家独立的企业。

然而,无论是宏观的世界发展趋势,还是微观的新商业模式,不可避免的是全球范围内越来越紧密、越来越频繁的合作。大量的事实证明,合作好坏、长短的深层次根源在于文化的认同与否。这也是恒源祥集团包括我本人为什么要花大力气去研究品牌和文化的重要原因。

● 一个人要修炼自己好的文化习惯

一个人的文化如果被所服务的组织认可了，一个组织的文化被社会认可了，就有了生路；如果还能为他人带来价值的话，那么这个人、这个组织就有了财路，就会富有起来。所以从某种程度上讲，一个人、一个组织有没有钱，是由文化个性决定的，什么样的文化个性决定了什么样的贫富程度。这是个很简单的道理，但是在现实生活中，我们往往认识不到这点，不去修炼自己好的文化习惯，反而舍近求远、舍本逐末，造成了大量的内耗、大量的浪费。

经过这么多年基于品牌和文化的研究、实践的积淀，我感觉到恒源祥新一轮的机会是从 2017 年，也就是恒源祥 90 周年之际开始。机会对每一位联合体成员而言都是平等的，抓住了就会有大的发展，抓不住轻则只能看着机会在自己面前溜走，懊恼不已；重则可能导致自己被市场淘汰。因此机会之于人的意义在于准备，在于抓取；而我认为其中最有效的办法在于建设好自己的文化。

关于什么是文化，什么是好的文化习惯，已经有了很多介绍和论述，但往往知易行难，我希望大家向"齐天大圣"孙悟空学习，学习他的七十二变。对我们而言，我们不仅要变不适合发展的商业模式，更要变个人和组织不好的文化个性。我希望在这一系列问题上，恒源祥的每个人都要有所突破，以期到下一个"羊年"，也就是恒源祥 100 周年大庆的时候，恒源祥拿出一份值得人们敬仰、值得自己自豪的成就，向恒源祥 100 周年献礼。

VII 什么是工作到位

如何将工作做对、做到位

● 什么是工作到位

我曾看到一篇小文章讲什么是工作到位，挺有意思的，摘录下来和大家分享：

1. 汇报工作说结果。不要告诉老板工作过程多艰辛，你多么不容易！老板不傻，否则做不到今天。举重若轻的人老板最喜欢，一定要把结果给老板，结果思维是第一思维。

2. 请示工作说方案。不要让老板做问答题，而是要让老板做选择题。请示工作至少保证给老板两个方案，并表达自己的看法。

3.总结工作说流程。做工作总结要描述流程，不只是先后顺序逻辑清楚，还要找出流程中的关键点、失误点、反思点。

4.布置工作说标准。工作有布置就有考核，考核就要建立工作标准，否则下属不知道如何做，做到什么程度才是最合适的。标准既确定了规范，又划定了工作的边界。

5.关心下级问过程。关心下属要注意聆听他们的问题，让其阐述得越详细越好。关心下级就是关心细节，明确让下级感动的点和面。

6.交接工作讲道德。把工作中形成的经验教训毫不保留地交接给继任者，把完成的与未竟的工作分类逐一交接，不要设置障碍，使其迅速进入工作角色。

7.回忆工作说感受。交流多说自己工作中的感悟，哪些是学到的，哪些是悟到的，哪些是反思的，哪些是努力的。

8.领导工作别瞎忙。比尔·盖茨说过："一个领袖如果整天很忙，就证明一件事——能力不足；一个领袖如果整天很忙，就只有一个结果——毁灭。"历史上所有伟大的人物、政党，以及如今伟大的商业领袖，有哪位是整天忙着做事的？这些领袖每天干的最多的事就是学习成长、把握方向、分析市场、战略布局、制定打法。因此，如果你是领导，此刻很忙的时候就问问自己：

（1）我在忙什么？
（2）我忙的事有多大价值？
（3）我做的事别人会不会做？
（4）我为什么会这么忙？

在现实生活中，工作不负责任的现象有很多，重的包括渎职、不作为，说过等于做过；轻的主要表现为工作不到位。

我看到大多数人"把工作做完"的愿望总是胜过"把工作做好"的愿望，大家总是急着把领导布置的工作做完，而很少考虑如何将工作做对、做到位。越来越多的员工只管上班，不问贡献；只管接受指令，不顾结果。他们应付差事，把工作做得"差不多"成了他们的行为准则。结果轻则做无用功，重则把正确的事做错。整个组织变得人浮于事，看似很忙碌，其实徒劳无功。

其实，完成任务应付领导询问、检查往往是过程，企业和组织需要的是实实在在的结果，要有预期的成效，就必须得把工作做到位。

● 为什么工作不能到位

关于把工作做到位的问题，前文引用的这段内容主要讲的是如何将工作做到位，这里我还想补充谈谈对为什么工作不能到位的看法。有时认识存在误区，是导致最后工作不到位的重要原因。

工作做不到位，很多时候是出发点出了问题。出发点错了，就会南辕北辙。恒源祥文化中强调的出发点，就是消费者的需求。你的工作能直接达到消费者吗？你为他们创造了怎样的价值？如果不能为消费者直接创造价值，你就要为那些能直接为消费者创造价值的人服务好。搞不清楚这点，就没办法选择更好的事情做，更不要说将工作做到位了。

但在实际工作中，很多员工是以讨好老板作为工作出发点的，并使出浑身解数阿谀奉承、溜须拍马，可往往"马屁拍在马脚上"，最终工作还是做不好。这就是努力的方向搞错了。所以我奉劝大家不要纠结于是取悦消费者，还是取悦老板。答案其实很简单：消费者满意了，财富向公司转移了，老板自然是满意的，两者并不矛盾。

工作做不到位，核心的一点是因为没有选择做那些能成为"第一"的事，并把这件事做成第一。我以前说过：全球化的世界里没有给第二留下位置。在中国我们感觉还有一些机会：首先，中国有些地方全球化还没有到达，但是很快就会到达，这个趋势不可阻挡；其次，中国有些地方不能全球化，虽然还有机会，但这些机会都是很小的。所以为了生存，我们必须努力在某方面成为第一，即使暂时还不是第一，但至少要在成为第一的过程中。在成为第一的过程中，关键在于和"第一"的项目、"第一"的资源、"第一"的人物、"第一"的标准等在一起，而且这些"第一"都是全球化、世界性的。现在我们的工作做不到位，很重要的一个原因是：这些"第一"是什么、在哪里都不知道。这种不知道，跟我们平常不努力学习、不经常交流等不良习惯是有密切关系的。

工作做不到位，还有一个很重要的原因就是没有培养继任者，特别是培养超过自己的继任者。

我常常和《创导》杂志的主编们说：考核你们工作是否做到位，一条很重要的标准，不是看你现在做得有多好，读者有多喜欢，而是哪一天你退休了、离开主编的工作岗位了，还有后来人能继续把杂志编下去，而且还能越编越好。所以，我希望在岗位上的员工，一到岗就要开始寻找自己的接班人。

我希望大家在做这项工作的时候能做到几点：有雅量接纳比自己更优秀的人接替自己；自己的工作要让三个及以上的人了解、掌握，并能替代自己；把对继任者的培养作为自己最重要的一项工作去做。如果找不到、培养不出继任者就不能升职。

说了那么多，如果要用一句话来概括我的观点，恰恰与通常所说的，所谓工作到位就是要把工作做圆满。相反，圆满了就结束了。真正到位的工作、最好的工作其实是生生不息、永无尽头、做不完的。如前文所说，不管是满足消费者的需求、成就第一的工作，还是培养优秀的继任者延续项目，都不是简单能做完的工作，但却是最到位的工作；再辅之以好的工作方法执行到位，就是完美的工作。

18个月的秘密

● 阿迪达斯"提前18个月"的工作方法

2006年下半年,我带队去阿迪达斯位于德国西南部Herzogenaurach(荷索金劳勒)镇的总部参观,阿迪达斯集团高级副总裁接待了我们一行,并在他的带领下,参观了办公区域。在途经一个开放式的会议室时,我看到一组人正进行着激烈的讨论,我好奇地问:"他们在讨论什么?"

副总裁告诉我们:"这是负责阿迪达斯北京奥运会的项目组,他们正在讨论北京奥运的新品开发及营销方案。"2008年的北京奥运?当时距离奥运会还有一年多的时间,项目小组已经开展具体的工作了。我心里有点吃惊。

不知道副总裁是否猜到我们对此有兴趣,他接着这个话题开始介绍。阿迪达斯总部有很多这样的项目组,主要围绕公司所赞助的各大体育赛事(项目)展开。一旦阿迪达斯与赛事(项目)签订赞助等有关协议,集团相关的小组就会组建并开始启动项目,这个时间节点一般离正式比赛至少提前18个月,然后倒推工作进度:大致在提前12个月时,进行新品的订货和生产;在提前6个月时,新品进入与消费者接触的通道；在赛事正式开始时，营销等活动达到高潮。

副总裁说，在阿迪达斯十分强调"提前18个月"这一工作方法，因为只有这样的提前量，才可以把工作做充分、做细致、做到位，消费者才能够满意，当然，其他的利益相关者也才能满意；所以"提前18个月"已经成为阿迪达斯的工作机制，包括个人绩效考核都有关于"提前18个月"的指标。随着制度变成习惯，"提前18个月"已经成为阿迪达斯企业文化的一部分。

● "提前18个月"的习惯可以实现两个平衡

阿迪达斯这一工作周期给我留下了深刻的印象，因为在我的周围，包括恒源祥，我们还没有养成提前18个月立项，然后开展具体工作的文化习惯。

在我们的生产领域，常规是上半年定下半年的货，下半年定来年上半年的货，并按照这个节奏组织产品的设计开发和批量生产。我们的提前量与阿迪达斯比起来，有不小的差距。

如果说生产因为其自身的特点，周期比较长，所以必须具备一定的提前量，但我们在市场营销方案的制定和实施上，往往没有提前量，常常想起来就做，一旦要做，准备期只有一两个月，甚至更短。这样做，虽然表面上显得做事效率高，团队的应急能力强，但里面存在着很多问题，最大的问题包括资源价值没法得到充分的释放，很多消费者无法更好地介入和体验。

阿迪达斯总结出"提前18个月"的工作方法并坚持到今天，成为团队的默契和企业的文化，肯定是有道理的。用恒源祥的文化观点来看，"18个月"这一周期，既不长，也不短，真正做到了以下两个平衡。

首先是品牌价值创造和品牌价值实现的平衡。在大家的认识中，恒源祥集团相关的职能部门偏重于品牌价值的创造，产业公司包括产业的加盟工厂和销售商偏重于品牌价值的实现。在日常的工作中，往往也相应存在着"铁路警察各管一段"的现象，品牌价值创造的部门作为"前道"不管品牌价值实现这一"后道"，"后道"也不对接"前道"，经常是在自己的职责范围各做各的。而品牌价值创造和品牌价值实现作为一个循环，本来就是一个整体，所有的部门、公司只做一半，当然提早半年、一个季度也就够了，但这样做的后果是显而易见的，就是资源浪费，效果不明显，实现不了价值的提升和可持续发展。在我看来，阿迪达斯的这18个月，差不多是一个品牌价值创造和品牌价值实现的循环周期，特别是作为"前道"的品牌价值创造，阿迪达斯花了很多的时间准备和实施。所以我希望，不管部门和公司分工有何侧重，都要做到"我中有你，你中有我"，提前18个月立项，讨论阶段多沟通，执行阶段多配合：品牌价值创造的部门为产业公司实现价值多预留"接口"，产业公司尽可能提高品牌资源的使用效率和效益。

其次是当下和未来的平衡。我们还没有养成"提前18个月"的习惯，根子上是对未来的方向考虑得太少，眼前的事情做得太多，失去了应有的平衡。眼前的事情做多了，常常照着传统，按着习惯做，往往"因循守旧""只顾埋头走路，不会抬头看路""一条道走到黑"。目前，在恒源祥体系中，很多人还是不愿改十几年前做生意的思路，不愿意看看未来的发展趋势，自己早做调整和准备。相反，经营得出类拔萃的人，都早早开始谋篇布局，悉心准备。当然，走向另一个极端——空想未来，也不行。在恒源祥联合体中，也有一讲未来就天马行空、一发不可收的情况。特别是新项目的拓展，想得很精彩，但是"不接地气"，更没法"落地"。所以"提前18个月"告诉我们，在这段不长不短的时间内，要兼顾创新性和可执行性。另外有了一定的时间余量，我们也不会在"重要不紧急"和"紧急不重要"哪个先做而过于纠结，也就能花更多的时间去做价值大的"重要但不紧急"的事情。

18个月或许就是这样一个神奇的数字。记得微软的创始人比尔·盖茨有一句几乎全世界的人都知道的名言：我们的公司离破产永远只差18个月。阿里巴巴似乎也有附和："阿里巴巴离倒闭永远只有18个月！"这里传递的其实是一种危机意识，不进则退。在激烈的市场变革面前，我们急需向阿迪达斯学习，养成"提前18个月"的经营习惯，发现"蓝海"，规避"红海"，用更多的时间换取我们发展的空间和成就。

VIII 文化习惯与内部创新和创业

有生于无

● 恒源祥文化受到犹太文化的影响

了解恒源祥今昔的人,基本都会问我一个问题:恒源祥为什么会走到今天?我经常开玩笑地说:恒源祥主要是做羊和羊毛相关产业的,我属狗,是一只牧羊犬,能看羊,所以恒源祥能走到今天。

恒源祥能有今天的发展,其中的原因有很多。我从文化的角度,找到了一个原因——和犹太文化有关。众所周知,犹太人从古至今善于经商,换句话说,犹太文化十分支持经商活动。恒源祥的创始人沈莱舟先生从苏州到上海创业,在创办恒源祥之前,就在汇丰银行工作过一段时间,汇丰银行的大老板沙逊就是英籍犹太人,可以这么说:沈老先生是向犹太人学做的生意,受到了犹太文化的熏陶。

所以在他创办恒源祥,自己做老板后,在经营活动中体现出很多受犹太文化影响的元素。

作为恒源祥的后来人,我们一直在学习沈老先生,我们学习得多、了解得多,犹太文化的个性就延续得越久。除了这层关系,还有就是我个人的原因。我的祖籍是河南开封。一千年前,有一批犹太人来到开封定居下来,并和汉人融合。尽管我没有找到依据说我有犹太人的血统,但也没有找到依据说我没有犹太人的血统。不管有没有直接的犹太血统,开封应该受犹太文化影响,而且这些年在了解犹太文化的过程中,我感觉恒源祥的文化受到了犹太文化的影响。我认为我们很有必要继续吸收好犹太文化的精华。

● 犹太人成就最大的特点是"无中生有"

犹太民族数千年来取得的成绩有目共睹。恒源祥集团曾组织中高管理层及联合体代表去以色列学习创新课程。大家对犹太人极致地处理好"无"和"有"的关系,印象和感触是最深的。犹太人经商法则中最大的智慧可以概括为"无中生有"。

我们知道,犹太人被罗马帝国从耶路撒冷赶出来了以后,他们逃向世界各地,开始了"无"的状态——没有国家、没有土地、没有资源……因为这种彻底的"无",犹太人很想"有",所以犹太人在全世界人们的印象中是永不满足,甚至是贪婪的。这种永不知足的攫取,反映在各方各面,例如对物质,在犹太人家中往往有两个冰箱来储存食物;还比如他们对学习的"贪婪",以色列这样一个小的国家人均读书量是全世界最高的，人均拥有的图书馆也是最多的。我在《财富》专栏中，曾经写过犹太教的节日安息日，犹太人在安息日其他事情都不做，这一天主要用来读书学习、个人自学或在犹太教堂内集中学习分享。

相比于其他宗教场所，犹太教堂非常朴素，除了经书、必要的家具，基本没什么其他东西。是因为犹太人没钱？不是的，因为他们的文化个性就是这样，他们永不满足的精神始终认为自己一无所有，始终没有安全感。

长年累月对"有"的追求，融入了血液，转变成基因，形成了犹太人"无中生有"的发展特色，取得的成绩斐然。我走访了世界上一些大的跨国公司，了解了一些国际化的组织，看下来大部分世界领先的公司、组织都跟犹太人有关系——不是犹太人创办的，就是犹太人主宰的。此外，犹太人虽然仅占世界人口的0.2%，但诺贝尔奖获得者占25%以上。

● 全面提升自身"无中生有"的文化和能力

这样一个民族的发展之道，肯定值得恒源祥，值得我们每一个人思索。其中最重要的一点就是，我们不能忘记，必须正确回答的问题是：我们是有，还是无？

很多人会认为我们有很多东西，特别是家喻户晓、妇孺皆知的恒源祥品牌及经营品牌的能力。恒源祥联合发展体的成员们呢？经过和恒源祥的合作，也有了一定的身家，虽然不是大富大贵，但比上不足比下有余。我很担心大家都这么认为——恒源祥是"有"的、自己是"有"的，因为我们一旦认为自己"有"了，就不思进取了。常言道："逆水行舟，不进则退。"不成长了就是倒退，倒退就有变得一无所有的可能。

所以为了求得基业长青，我们需更好地发挥文化的积极作用，形成"无中生有"的思想和行为习惯。这是我们需要强化的文化个性。

首先，我们要更好地认识到自己和恒源祥的"无"。对于自己的"无"，我发出这样的疑问：你有一张椅子，但你有一张桌子吗？你有一张椅子和一张桌子，但你有一个房间吗？你有一个房间，但你有一幢房子吗？……类似的问题可以一直问下去。我这样发问不是为了激发大家的物欲，而是告诉大家，每个人在追求事业的过程中，要认清自己必然有"有"和"无"的边界，我们不能安于"有"，而应该对"无"有更多的危机意识和弥补意识。

对恒源祥的"无"，我有很多的认识。例如恒源祥集团品牌产品的个性在哪里？我们可以模仿别人，可以站在巨人的肩膀上，但是我们必须要有所创新，这是最基本的要求。我们的原创在哪里，这很重要。恒源祥在产品、在物质层面的原创在哪里？恒源祥从品牌诞生到品牌延展的原创在哪里？恒源祥在经营模式上的原创在哪里？欣慰的是我们在品牌经营上找到了一些原创的东西。在品牌经营上找到原创的东西，如何将之注入产品、模式的创新上去呢？我们必须全面提升自身"无中生有"的文化和能力。

我看内部创新和创业

● 我们要进行哪些方面的内部创新和创业

现在举国上下都在进行"大众创业、万众创新",我也认为所有优秀的企业都是在创新和创业中生、长(zhǎng)、长(cháng)的,所以长久以来我都鼓励员工能在恒源祥的平台上进行不断的创新和创业。我也和员工分享过我的梦想,就是复制十个像恒源祥这样的品牌和产业,复制十个"刘瑞旗";我也说过,恒源祥公司优秀与否,在于能否帮助有梦想的人梦想成真。

至于到底进行哪些方面的创新和创业,我永远积极鼓励员工去想办法,把手上的事情抓起来,千万不要当门外汉。什么事情都可以抓在手里,例如公司正在进行的项目,哪怕和自己所在的产业不相关也可以对接。我在公司各种会议上多次向员工提出可以参与集团"品牌和文化"的课题研究。最早做五个国家的文化研究项目时,是硬性分配几个人做的,我很荣幸地带队,跟他们到不同国家去考察。我相信参与的人还是很有体会的。除了现有的项目,公司一直想做还没有去做的项目,员工都可以参与。例如集团有戏剧公司,我们可以去想,能否找一个好题材、好写手、好剧本拍电视剧、拍电影?这完全是可以的。我举这些例子只是想说明创新创业的范围在恒源祥的平台上是十分广泛的。

● 如何进行恒源祥内部的创新和创业

我重点想谈的是如何进行恒源祥内部的创新和创业。

首先是谁来干。创新和创业的关键是人。有对的人，其他的事就都好办了。现在大家都习惯于讲项目如何好，但我最想听的是谁去做。如果没有听到，我觉得其他谈得再好，也没有意义。如果是讲的人自己想做，那方案中把自己放进去了吗？所谓放进去了，最简单直接的标准，就是自己愿意投钱进去吗？愿意投多少钱？我希望开始的时候，这个人至少要投资一半。有人会说：如果自己没有这么多钱怎么办？这个容易解决，公司可以借钱给你。

其次，把创新创业的方案做出来。如今，商业计划书要求写的内容有很多，在我看来，理论的东西要有，但不是最重要的。那什么是重要的？除了刚才说的谁来做，还有简单几个问题：你想做什么？你想做到什么程度？出什么结果？要用多少钱？你自己拿多少钱？

写出了这些内容，自己也愿意投入只是第一步。方案好不好，关键在于还有其他人愿意投资或者购买这份方案吗？否则自己按照方案把产品都做出来，也投放市场了，但还没有把方案卖出去，这是有很大市场风险的。我们要一轮一轮地进行——别人（包括公司）愿意投资，在某种意义上就是愿意购买这份方案，可以作为股份放在那里。所以把方案卖出去是衡量项目优劣的一杆标尺。

分配是创新创业中大家都十分关心的问题。在恒源祥，只要为公司挣钱、为国家交税，分配的主动权在于大家，大家可以自己提。这不是随便说说的，而是有传统的。

我做万象集团总经理时年薪是 8 万，有一年，政府要求集团完成 8000 万的利润，我对董事长提出涨工资的要求。她问涨多少。我说："您是董事长，我是总经理，每人涨到 50 万年薪。"她说，行吗？我说："有什么不行，问题是年底 8000 万要完成。原来只有 5000 多万利润，8000 万完成的话，要多 3000 万，拿 100 万的年薪都不算多。"她说不行，不敢，跟我商量，说 30 万怎么样。其实我也不是一定要多拿 20 万，所以就说好。我还说："你不要担心，开董事会的时候，我来发言，说明做到这个业绩，要求涨这些薪水一点不多。"

我讲这段历史，是希望大家学习我的这种精神，只要能为公司创造价值，就不要怕提分配的要求，哪怕薪资超过上级、上上级也没关系。

● **阻碍企业创新创业步伐的是文化习惯**

在我看来，一个企业的创新创业不是某些人的事，而是全员的事，阻碍我们进行创新创业步伐的还在于我们的文化习惯，例如对制度的认识。在某种意义上讲，制度是用来打破的。恒源祥的发展其实就是基于打破各种制度的束缚。比如我刚来恒源祥的时候，恒源祥是商店，属于零售企业，按照规定，商店只能做零售，不能做批发，更不能生产产品，但是为了恒源祥的发展，我们不但做起了批发，甚至通过授权加盟工厂加工恒源祥品牌的绒线做起了生产；还比如，相关条例规定，商店不能出租柜台，但我们还是把制度突破了，怎么做呢？换种说法和做法——引厂进店。这些创新实行了一个阶段，效果很好，不仅上海推广，后来全国都根据上海的方案进行改革。大家看到制度是如何产生的吗？把事情做好，就可能总结出新的制度，这些制度适用于过去，哪怕是当下，但未必适用于未来。所以制度如果滞后，就意味着对创新可能是无益的。所以不突破现有的制度，如何进行创新发展呢？在我的生命中，是没有制度束缚的，但我有一个观念是坚定的：突破制度容许犯错误，但绝对不能犯法。恒源祥是在不断"犯错误"的过程中成长的，但恒源祥绝不会触犯法律，损害国家、社会和他人的利益。

关于这两个问题中的逻辑，我曾经在企业内部的微信群"羊群"中分享过一段文字：

1. 不是因为有了希望才坚持，而是因为坚持了才有希望！
2. 不是因为有了机会才争取，而是因为争取了才有机会！
3. 不是因为会了才去做，而是因为做了才能会！
4. 不是因为成长了才去承担，而是因为承担了才会成长！
5. 不是因为拥有了才付出，而是因为付出了才拥有！
6. 不是因为突破了才挑战，而是因为挑战了才突破！

7. 不是因为成功了才成长，而是因为成长了才成功！

8. 不是因为有了领导力才懂得配合，而是因为懂得配合了才有领导力！

9. 不是因为有了收获才去感恩，而是因为去感恩了才有收获！

10. 不是因为有了钱才去学习，而是因为学习了才有钱！

11. 不是因为有了市场才去开拓，而是因为开拓才有市场！

12. 不是你有了条件才能成功，而是你想成功才创造了条件！

除了突破制度外，我还希望企业的每一个成员，不管哪个公司、哪个部门，包括行政、人力等支持性部门，必须要转型成为利润中心。大家都认为支持性部门不能赚钱，其实我们需要转变观念，支持性部门产生的价值要转换成利润的概念。这些部门的服务是免费的，但可以通过收取人头服务费、项目服务费等形式将价值和利润测算出来，这样做是希望全员有市场的概念、有成本和利润的概念、有服务和价值的概念，这是企业内部推动创新和创业，将企业持续推向前进、做长做久的重要基础。

®

◎ 恒源祥文化研究取得显著进展，得益于我们和一流的团队、一流的专家合作。事实再一次告诉我们"与谁同行"的重要性。

◎ 读万卷书不如行万里路，行万里路不如阅人无数，阅人无数不如名家指路。

◎ 管理界有句名言："企业的'企'字如果没有上面的'人'字，就只剩下下面的'止'了。"

◎ 为什么我每次都强调学习，是因为我深刻地认识到学习和财富息息相关——一个国家、一个组织和一个人都遵循同样的规律。

◎ 任何思想和文化的产生、发展和持续，都不是凭空的。在恒源祥，我们一直致力于通过不断形成思想来建立企业文化。

◎ 帮助我们披荆斩棘，不断战胜挫折和挑战的方法，就是通过不断学习，完善自己。

◎ "每临大事有静气，不信今时无古贤！"告诫我们遇到重大事件时，首先要有静气，做到沉着冷静地应对。

◎ 一个人必须要有一个像模像样的梦想，因为梦想是一个人最大的一笔财富，而且价值不菲、不可替代。

◎ 恒源祥能活到现在的秘密在于此——让所有有梦想的人在恒源祥联合体里梦想成真。未来恒源祥要继续活着，延续一流，还得持续让人梦想成真。

4
Chapter

文化赋能，成就品牌

Ⅰ 与谁同行

同行者的分量

● "与谁同行"的重要性

按照我2010年设定的"品牌·文化"研究规划,从2011年至2015年,恒源祥四次承担并圆满完成国家重大软科学研究课题,分别是《国家品牌战略问题研究》《国家品牌与国家文化软实力研究》《品牌与文化问题研究》《创新品牌战略研究》,期间还开展了《乌拉圭国家文化个性研究》、"英国、法国、印度、伊朗、俄罗斯五国文化个性研究"等课题。首个课题合作伙伴是中国社会科学院工业经济研究所,第二个和第四个课题的合作伙伴都是中国社会科学院数量经济与技术经济研究所,第三个课题的合作方是上海社会科学院多个研究所组成的综合团队,几个国家的文化个性研究主要和中国社科院拉丁美洲研究所和北京大学历史系合作。

我们在探索中发现，文化（习惯）来源于"天、地、人、信仰、制度"五个方面，并从 2015 年开始由此展开了深入探索。2016 年，恒源祥与中国社会科学院世界宗教研究所合作开展"信仰是如何形成文化（习惯）的？"课题，拉开了"文化（习惯）从哪里来？"系列课题的帷幕。这个课题我们是与中国社会科学院世界宗教研究所合作，组长由我和卓新平教授一起担任，他是中国社会科学院学部委员，第十一、十二、十三届全国人大常委会委员。课题研究的八个宗教子课题主要由世界宗教研究所基督教室、伊斯兰教室、儒教室、佛教室、道教室、当代宗教研究室的主任或副主任担任，此外还有清华大学、北京大学、（香港）全球文明研究中心、南京大学犹太文化研究所的教授、专家参与研究。课题组成员到以色列、意大利等地进行了参访考察，并与当地的大学举行了多场宗教与文化学术交流活动。

2017 年 10 月 13 日，我们与北京大学中国政治学研究中心携手，在上海交通大学徐汇校区有着百年历史的老图书馆举行了"制度与习惯"课题签约暨开题会，标志着集团研究"品牌·文化"又有了新进展。此次恒源祥与北京大学中国政治学研究中心合作的"制度与习惯"课题旨在全面深入地探索"制度是如何形成文化（习惯）的？"此次课题研究的合作方，包括课题组的组长，除了我以外，另外一位就是俞可平。他是著名学者，政治学家，中共中央编译局前副局长，现任北京大学讲席教授、城市治理研究院院长和北京大学中国政治学研究中心主任。课题组的主要成员及分课题负责人还包括北京大学中国政治学研究中心学术委员会主任何增科、浙江大学公共管理学院陈国权、中央编译局中央文献翻译部主任杨雪冬、中央党校社会和生态文明教研部副主任褚松燕、安徽大学社会与政治学院院长吴理财、北京大学政府管理学院助理教授孙明、马啸、费海汀、刘英军，以及张禹和Holly博士等专家。课题组成员到印度进行了深入考察，并与德里巴哈伊信仰印度全国总会、印度金德尔大学、德里智库、尼赫鲁大学、印度武协总部、孟买观察研究基金会、孟买大学等进行了深入的文化交流。

2018年4月26日，我们与中国艺术研究院艺术人类学研究所展开合作，开启"人性与习惯"课题研究。该课题由我和中国艺术研究院艺术人类学研究所所长方李莉联合担当组长，核心成员包括中国社会科学院民族学与人类学研究所所长王延中研究员、中央党校徐平教授、国家行政学院文化研究中心副主任丁元竹教授、中国人民大学人类学研究所所长赵旭东教授、北京大学社会学系副主任刘能教授、北京大学中国社会与发展中心主任邱泽奇教授、中国艺术研究院艺术人类学研究所副研究员王永健等专家。课题组在研究过程中开启了"重走费孝通之路"活动，以美国"自由精神"的起点——波士顿为首站，与哈佛大学、芝加哥大学等相关学术机构进行了深入的互动交流。

2018年6月30日，我们与北京师范大学地理科学学部、复旦大学中国历史地理研究所携手正式展开"天地与习惯"课题探索，主要探讨天性、地性转化成人类习惯的机制，即"天地是如何形成文化（习惯）的？"该课题由全国政协第十一届副主席、中国生态文明研究与促进会会长陈宗兴担任特别顾问，北京师范大学人文地理学研究所所长周尚意教授、复旦大学中国历史地理研究所所长张晓虹教授与我共同担当组长，核心成员包括中山大学旅游学院曾国军教授、华东师范大学城市与区域科学学院副院长孔翔教授、云南大学资源环境与地球科学学院陈丽晖研究员、复旦大学中国历史地理研究所副研究员丁雁南、复旦大学中国历史地理研究所博士后李砚、中国人民大学公共管理学院城市规划与管理系主任郑国、北京师范大学哲学学院副教授王楷、北京大学纪凤仪博士、北京大学出版社副编审王立刚等专家。值得一提的是，该课题得到了联合国支持组织IYGU（International Year of Global Understanding）的大力支持，他们认可本课题作为Global Understanding项目的中国活动之一，并授权在开题会中使用其官方标志，为课题打开了全球化的视野和资源平台。

上述课题研究促使我们的品牌和文化探索取得显著进展，这得益于我们一直在和国内外一流的团队、机构，一流的专家合作。事实告诉我们"与谁同行"的重要性！

● **借品牌为平台，做好"与谁同行"的工作**

很多人问我，这些专家都是怎么认识的？说难很难，说简单也很简单。有一个理论叫六度空间理论，是一个数学领域的猜想，又称作六度分割理论或小世界理论。理论指出：你和任何一个陌生人之间所间隔的人不会超过六个，也就是说，最多通过六个中间人你就能够认识任何一个陌生人。这个理论告诉我们，你想找到一个人，总能找到，关键在于你想不想找，以及想找到谁。在这个前提条件下，如果能缩短其中的间隔，变成三度、二度空间，就更高效了。在这方面，犹太民族值得我们学习，他们热衷于社交，也搭建和举办了很多平台及活动缩短关系链。

无论是为课题研究，还是为产业发展搭建的社会关系网络，我希望不要被大家理解成是某个特定的人或者某个特定的部门的工作，建立与全国乃至全球一流资源的联系是企业内部每个人的职责所在。在恒源祥内部，为了让大家养成这个习惯，特别是让中高管理层以身作则、率先垂范，我也曾提出很多制度设计的安排，例如公司和部门的一把手每年要出国一次，参加世界顶尖的展会或者论坛活动，结交一流的专业人士，如果完不成这个任务，要倒扣奖金等；另外，凡是参加这些活动，要和出现的著名人物合影留念……这些都是手段，目的在于推动大家和他们建立起联系。

我希望每个人都能以品牌为平台，做好"与谁同行"的工作，这将让实现使命变得事半功倍。

再论"与谁同行"

● 和伟大的人物在一起

恒源祥是从一家小小的绒线店起家的,能被全国消费者认可,成为大家生活中的一部分,不是很容易的一件事。其中我们经历了中国企业可能经历的所有的困难、挫折和挑战。恒源祥能有今天的成就,原因有很多,其中很重要的一点是让平凡的自己一定和伟大的事件、伟大的人、伟大的组织在一起。

在我的记忆中,2000 年 8 月上旬有两次会面让我特别难忘——我先后拜访了中国学界两位重量级的人物。8 月 3 日,我拜访了曾任中国社会科学院院长、国务院发展研究中心主任的当代著名经济学家马洪。我向他汇报了自己正在研究品牌文化,并以此制定公司 21 世纪的战略规划。

马老称赞我们"小企业有大理想,很有创新精神"。继而他指出:对文化一是要继承,二是要创新。创新精神是一种文化,价值观是文化的一部分,"三观"最终体现在价值观。人生观是在价值观基础上建立起来的世界观。现在全世界都在讨论企业对社会、对国家的责任。作为企业负责人亲自抓,非常好,企业抓这问题是超前的,本质是创新。

8月4日，我拜访了中国哲学泰斗张岱年先生。张老对我说：对待文化，既要学习自己的文化，也要学习别人的文化。一个民族要有自尊心和自信心，首先要做到的一点就是对中国文化有了解。中国文化强调"和"，西方文化强调"争"，现在要强调"和"，但合理的争也是必要的。现在，对一个国家要紧的是经济、科技，但背后要有一个思想和文化。正确的思想和优秀的文化才能支持经济发展和科技进步。他还欣然为恒源祥题写"自强不息、厚德载物"以作激励。

这两次交流，对我的影响很大——坚定了我持续探索用文化推动品牌的信念，同时也指导我经营品牌实践。

2005年12月，恒源祥成为北京奥运会的赞助商，其中一项权益就是为中国奥运代表团打造礼仪服饰。恒源祥应该提供怎样的一套服装呢？我想起了张老的观点，知己知彼，东西融合。服装不仅要有功能，更是文化的表现形式，需要结合时间、空间和个性来进行创新，所以后来的设计方向就定义为：历史元素、当下智慧、未来概念。

两位智者的影响当然不止这些具体的事件，更重要的是观念上的。我结识业界的人很正常，但为什么会有很多和本业不相关的人，例如哲学家、社会学家等。道理其实不难理解。

首先，现在不是流行跨界吗？为什么要跨界？跨界真正的价值在哪里？无论是理论研究，还是实践，我们越来越感受到价值创新常常在综合交叉之处。例如恒源祥经营品牌，但我们经过近些年的研究和实践，认识到文化对品牌经营的重要意义，所以我们开始着重研究文化是什么、文化从哪里来，并将研究成果用于品牌可持续经营，满足消费升级后消费群体各项生理、情感和精神的需求。

其次，正确的方向和方法很重要。前面谈到过："读万卷书不如行万里路，行万里路不如阅人无数，阅人无数不如名家指路。"我认为"指路"不仅包括方向，还有方法，也就是认识论和方法论。他们之所以能成为名家，就是因为其在这两个方面均有高人一等的造诣，与他们常做交流，往往能获得他们一生修为的精华。所谓：听君一席话，胜读十年书。

最后，也是我认为最重要的，与他们交往，我们要学习他们的理想信念和格局气度。但凡大家，几乎都有为某一项人类福祉奉献甚至献身的目标追求。也正因为此，他们没有被重担所压倒、没有被功名利禄所迷失，没有被低级趣味所诱惑，即便千辛万苦也不忘自己为什么而出发，为什么而奋斗。企业也是一样，也需要明确自己的初心，问清楚自身对社会的贡献究竟在哪里，并且在之后发展的道路上，始终坚守这份初心。但是太多的企业在确定什么样的初心，以及如何坚守初心上出现了问题，以致企业轻者无法做长做久，有所建树；重者违纪违法，祸害社会。因此，恒源祥很早便开始企业核心文化的建设，特别是明确了企业的使命、精神和价值观，以此作为所有联合体成员目标、方向、立场、言论和行动的准绳。这是恒源祥品牌事业及每个人的发展能生、能长（zhǎng）、能（cháng）的基石。

● 学会和伟大的事件、伟大的组织在一起

除了和伟大的人物在一起外，我们还要学会和伟大的事件、伟大的组织在一起。在这些方面，恒源祥的实践也很丰富，例如赞助奥运会、世博会、劳伦斯世界体育奖颁奖典礼，以及与这些项目背后的国际组织保持互动等。通过这些实践，恒源祥在经营品牌和文化的能力方面得到了长足的发展，也让品牌在全球的影响力得到了进一步的提升。

在我看来，与谁同行，仅仅做个跟随者是不够的，我们的目标是成为被跟随者，做推动时代进步的引领者。恒源祥已经在品牌和文化研究方面做出了持续的探索，集结了国内外顶尖的专家、学者按照战略路径展开工作，并取得了阶段性的成绩。希望恒源祥联合体的所有成员持续关注，最好是参与进来，这对个人和组织而言是至关重要的平台和契机。

与平凡纠结只能平凡，与伟大同行才能伟大，而超越伟大才能不朽。

人对了，世界就对了

● 只要人对了，世界就对了

也许大家都听过这样一个故事：

一天早晨，牧师的儿子约翰哭嚷着要去迪士尼乐园。为了转移儿子的注意力，牧师将一幅色彩缤纷的世界地图撕成了许多小碎片，对儿子说："你如果能把这张世界地图拼起来，我就带你去迪士尼乐园。"没想到，不到10分钟，小约翰就拼好了。每一片碎纸片都整整齐齐地排列在一起，整张世界地图又恢复了原状。牧师很吃惊，问道："孩子，你怎么拼得这么快？"小约翰回答："很简单呀！地图的另一面是一个人的照片，我先把这个人的照片拼到一块，然后把它翻过来。只要人对了，世界就对了。"

人对了，世界就对了。对企业而言，也不例外。管理界有句名言："企业的'企'字如果没有上面的'人'字，就只剩下下面的'止'了。"对的人，可以把三流的项目做成一流的项目；而不对的人，则能把一流的项目做成三流的项目。

● 恒源祥对人才的重视一以贯之，更与时俱进

恒源祥遵循的人才原则——对人才的重视一以贯之，更与时俱进。

沈莱舟老先生执掌恒源祥时期，重用当时刚刚出道、后成为一代绒线编结大师的黄培英、冯秋萍，重金聘请她们到恒源祥坐堂，传授编结技巧；帮她们在报纸上做广告，资助她们出版绒线编结书，在电台录制教授编结技法的节目等。种种举措在成就了她们的同时，也让恒源祥的绒线事业在广大的消费者中打开了局面，为恒源祥日后成为上海滩的绒线大王奠定了扎实的基础。

在 21 世纪，恒源祥实施 MBO 收购后掀开了企业发展的新篇章。记得 2001 年恒源祥转制后，公司在上海陆家嘴的国际会议中心召开全员大会，在大会上，我提出：人才是恒源祥最重要的资产。这样的基调不是心血来潮，一方面继承自沈老的精神，另一方面也是我自 1987 年元旦跨进恒源祥大门后多年的经营心得。

● 独树一帜的招人策略

如果说人才是企业最重要的资产，那么建设企业最重要的资产必然应该是企业一把手最该做的事情。要做对、做好这件事，我认为一把手要做到知行合一。

首先得从内心真正认识到人才的重要性开始。1994 年，我提出恒源祥六项战略管理工作，即商标战略、人才战略、营销战略、广

告战略、管理战略、公益战略、经营战略。人才战略就是其中之一。之后每年的工作研讨会，都会围绕上述的战略集思广益，不断提升对人才战略认识的广度、高度和深度。

其次，在"行"的层面，还要不断创新好的做法。清代龚自珍有名句："我劝天公重抖擞，不拘一格降人才。"当下对企业而言，要做到"不拘一格降人才"，德才兼备是大原则，在此前提下，方法的好坏也大有讲究。在我的认识体会中，最重要的一点是：一把手要招比自己厉害的人。

1995年时，恒源祥还只是一家小小的绒线公司，当时我就提出来要招聘20名研究生。那时的大学生都十分稀罕，不要说研究生了，更何况还是20个！大家都知道我的学历不高，也有人告诫我说，招这么多厉害的人在身边，不妥。但我不这么想。我不仅要招，而且还要把他们留下来。当时因为各项规章制度所限，给予这些人才的薪资不是很有吸引力，但我想方设法，通过提供额外的福利，让他们留在恒源祥。其实凡是成功的企业，对高端人才的渴求都是类似的。例如乔布斯只找A级人才，他相信一流人才的能量是二流人才的100倍。

要招到合适的人才，虽然可以用社会上提供的人才服务，但要找到尽可能适合自己企业的人才，还得有自己的创新手法。在这方面，恒源祥做过一些尝试。例如，公司尝试举办过左撇子人才的专场招聘。因为恒源祥的发展定位是经营品牌和文化，满足的是消费者对感官品牌、体验式消费的需求，所以恒源祥亟须很多这方面的专业人才。另外，基于对左撇子现象的研究，恒源祥发现左撇子身上有很多优势之处，比如直觉力、想象力、创造力等，十分符合恒源祥对人才的需求，所以推出了包括感官品牌设计师在内的多个岗位向社会进行专场招聘。此外，恒源祥还曾在20世纪90年代发起过"十万年薪招聘党务工作者"的招聘活动，在社会上引起了广泛反响，一批综合素质高的人才被吸引到恒源祥参与应聘。

● 如何留住人才

除了独树一帜的招人策略，如何留住人才，是考验一个领导者和组织的关键。

乔布斯会不惜一切代价追求那些才华横溢、不甘平庸的人才，因为他发现，只要召集到五个这样的人，他们就会喜欢上彼此合作的感觉。他们会不愿意再与平庸者合作，只要找到几个精英，他们就会自己扩大团队。从乔布斯的观点里，我们可以发现，要留住人，高薪未必是唯一的法宝，对"千里马"而言，一个好的发展环境是至关重要的。况且，能给高薪的企业很多，但能提供好的发展环境的企业却很少。

我曾在员工大会上提出一个观点：我们要打造一个优秀的组织，一个不需要特殊的薪酬政策就能吸引广大人才的组织。这与我理想中的品牌发展战略是相互契合的——恒源祥要发展，就要复制十个刘瑞旗，就要把人才真正地当自己的继任者来培养。曾经有一位求职者对我说：我来恒源祥就是冲着经理的位置来的。我十分欣赏他的说法，也一直拿他的观点去激励年轻人，并要求公司的人力资源部门依此开展工作。

从 2011 年元旦开始，我卸任恒源祥集团的总经理职位，在此期间的集团战略研讨会上，我曾提出我的梦想就是让恒源祥的所有合作者都梦想成真。我相信有了这样的追求，是对人才最好的吸引，同时对组织建设提出了更高的要求。

Ⅱ 四大习惯赋能个人，成就品牌

● 成功者都有的一个习惯就是爱学习

在我掌握的信息中，古往今来，但凡成功者都有的一个习惯就是爱学习。我在各种场合也讲过很多的故事和案例，大家也知道我有一个习惯就是每天坚持两个小时的学习，那这个习惯是怎么得来的呢？

在我小的时候，大家的吃穿用度都很困难，那时我们能拿到一分钱的零花钱，就会开心得不得了，大多数的小朋友首先想到的事就是去买吃的，那时在杂货店一分钱可以买到一包弹子糖或者一盒蜜饯。但是我没有那么做。我去干什么了呢？我搬了一张小板凳坐在弄堂口的流动书摊前花一分钱看上半天的小人书。我记得那时的零花钱几乎都拿去看书了，而很少去买东西吃。走上工作岗位以后，家里订不起报纸，我就在单位里看报纸，再把旧报纸上好的文章剪下装订起来，反复地看。除了看报纸，想看书怎么办呢？因为我家住在上海图书馆附近，我就经常去那儿看书。当时是学生没有钱，但可以凭学生证去看书，不过只能在里面看，所以我进去了以后至少在那里看上半天。后来我托关系办了一张借书证。到有点钱的时候，我就去买书，这个习惯一直保持到现在，今天你们能看到我的办公室里有很多书。很多人问我，你买了这么多书，有时间看吗？除了每天两个小时的阅读外，我因为出差比较多，每次出差前，基本都要选一些书带在身边。有一次去南美洲，我带了半个行李箱、十几本书，候机时、飞机上、宾馆里，我基本都选择看书，我也喜欢在机场的书店里面逛一逛，看看有什么新书买几本回来。总之，我自小已经养成了这样一种习惯，就是让自己生活在书的包围中。

● 学习和财富息息相关

我每次都强调学习，是因为我深刻地认识到学习和财富息息相关——一个国家、一个组织和一个人都遵循同样的规律。

我走过不少国家，一次次地印证了一个国家富不富有，跟国民读书量绝对有关系。例如以色列，弹丸之国，环境恶劣，但它有4000多个图书馆，是全球人均拥有图书馆最多的国家；而且人均一年阅读量，同样排名世界第一，所以他们能够不断创新和提高，成为世界发达国家。再如日本，他们拥有全世界发行量最大的报纸，达到1000万份。我去过很多世界一流的大学，比如耶鲁大学，一共有34个图书馆，藏书1600多万册。

就个人而言，我觉得今天的财富与我的学习和学以致用有很大关系。另外一个典型例子就是恒源祥的创始人沈莱舟先生。沈老自小热爱学习，到上海学生意后，自学了英语，这为他后面经营舶来品——毛线及引进国外的设备、原料和技术开办中国第一批的绒线厂，最后成为绒线大王奠定了扎实的基础。

一个国家、一个民族、一个企业、一个人能不能优秀，就看学习力。我希望联合体的所有成员能够尽快觉悟过来，还没养成学习习惯的尽快养成；已经养成习惯的，要持之以恒，活到老、学到老。当然学习不仅仅要向书本学，还要向伟人、高人、专家、学者们学，把他们身上最宝贵的知识、经验和智慧学过来用于自己的实践。

● **第二个成功的习惯是懂得收藏**

大多数成功的企业家、成功的国家，都懂得收藏。那到底什么是收藏？为什么要进行收藏呢？

讲一个我的收藏习惯的故事。我从小喜欢收藏，收藏什么呢？我收藏过邮票、电影票、电车票。那时没有钱，藏品哪里来呢？我就去捡别人用过的。除了收集的乐趣外，其他的乐趣还包括在小伙伴中相互比较、相互交流，看谁收藏得多、收藏得特别。

我举这个例子，是想告诉大家，在我看来，所谓收藏，不是花大价钱去买价值不菲的古玩珍宝，而是发现、收集、交流、分享一切美好的、有价值的东西。所以收藏可以是看到报纸上好的东西，把它剪下来贴好；也可以是把读书时看到的经典故事、经典案例收藏起来，然后进行交流、分享和实践。相对应的，收藏的价值不在于低买高抛地投资盈利，而是从所收藏的事物中获得帮助，特别是在收藏的过程中懂得历史，懂得用时间性和空间性的观点去看待我们要做什么及怎么做，这可以帮助我们创造新的历史，当然在这个过程中也可以实现我们财富真正的增长。

我觉得恒源祥已经到了更好地在时间性和空间上进行思考的大时代。我们不能让自己所知道的、所定义的，把自己的未来局限住。我曾在联合体大会上讲过，我们要学习"鹰文化"。随着时代特别是市场的发展，随着不断持续的创新和创业的需要，我们在保留"羊文化"中有价值的部分的同时，还要引入其他优秀的文化，并进行文化创新、组织创新和制度创新。

有一则寓言故事是这样讲的：鹰是世界上寿命最长的鸟类，年龄可达70岁。要活那么长的寿命，它在40岁时必须做出困难而重要的决定。那时，它的喙和爪子开始老化，无法有效地捕捉猎物；它的羽毛长得又浓又厚，翅膀变得很沉重，使飞翔十分吃力。此时的鹰只有两种选择：要么等死，要么经过一个十分痛苦的更新喙和爪子的过程。

我们也是一样，我们必须建立这样一种文化习惯——把旧的、不良的习惯和传统彻底抛弃，可能要放弃一些过往支持我们成功而今天已成为阻止我们前进的东西，让我们的企业不断获得重生。我想只引进"鹰文化"还不够，我们还要引进"狼文化"。大家都认为狼和羊的文化是冲突的，我想说两种文化可以和谐共存。

当前，无论是个人、组织、国家，还是产业、行业和产品，都到了转折点。成功往往不在起点，而在转折点。凡是成功的人都是在转折点上抓住机会，恒源祥的历史足以解说和证明我们都是在转折点上获得成功的。

● **第三个成功的习惯是敢于梦想**

有一个综艺比赛节目，最后的冠军是一个上海的小男孩。他没有双手，但凭借自己对音乐梦想的坚持，用两只脚学会了演奏钢琴，并且坚持独立生活。他感动、鼓舞了社会各界人士。

我还看到过一个事例。有一个女孩子叫杨佩，双手残疾，但她毅然离开了自己的父母，一个人独立生活。当别人问她靠什么生活、梦想又是什么的时候，她说要开一个十字绣的商店。她通过自身的努力用两只脚加上嘴巴完成十字绣，自食其力。

这个只有双脚没有双手的女孩，尚有自己的梦想并有坚持实现梦想的毅力，我们双手双脚健全，又聪明又有实力，我们的梦想在哪里呢？所以我希望大家一定要花点时间，确立自己的梦想，并通过自身的努力去实现它。只有这样，我们才能有美好的未来，才能在时代中把握自己。

除了要有梦想外，我还希望在企业内部形成相互交流梦想的文化氛围，这是一种能很好地鞭策自己不断努力实现梦想的方法。

我一直相信恒源祥是一个能不断有奇思妙想的地方，因为我们不仅自己能创新，还有社会资源帮助我们创新。公司要设置一些创意创新、出奇点子的奖项来，进行表彰和激励，帮助员工形成并实现创造历史的梦想。

● **第四个成功的习惯是投资自己**

第四个让人成功的习惯是投资自己成为一种文化的状态。投资是每个人都关心的话题，做出投资什么的选择却大有讲究。小时候大家有一分钱，当决定怎么花时也是一次投资。有的人选择去买吃的，有的人选择去看书。投资吃的，吃过以后就没了；投资看书，看过的知识记在脑子里，并且养成了读书学习的好习惯，受益终生。

我曾经和员工说，现在年轻人流行花个十来万买汽车，每年还要花两万去养它，十年下来这辆汽车报废了，一共要花三四十万。

但如果用这笔钱投资无形的东西的话，几年以后可能这个十万后面就加一个零了。那无形的东西究竟有哪些呢？我的答案是懂得投资自己、发展自己，建立自身的文化，让自己成为一种文化的状态存在。因为财富向好的品牌转移，而品牌的背后是文化状态，所以文化的状态是最核心和重要的。

一个人、一个企业、一个组织、一个国家，要成为一种文化状态就可以万岁、万岁、万万岁。

Ⅲ 读书成就个人，锻造优秀品牌

● 读书和不读书

在很多场合，我不断地提出大家要养成读书的好习惯，在这，我老话重提，谈谈对这件事新的认识和感悟。

我们可以把人群分成两大类，读书的和不读书的。在读书的人群中，按照所读的内容，也可以大致分成几类。第一种，喜欢看纯娱乐小说；第二种，喜欢看传统经典小说；第三种，喜欢看史哲领域的书；第四种，喜欢看思想领域的书；第五种，从看的书里形成自己的思想体系。

看五种类型的书，就会形成五种不同特点的人：爱读纯娱乐小说的人习惯于关注自己，视野比较窄；爱读传统经典小说的人习惯于关注自己身边的圈子，例如家人关系、朋友关系，视野范围稍大一点；爱读史哲类书的人会关注社会，视野更宽广些；爱读思想类书的人，他的视野已经超越整个社会，关注人类人性、关注宇宙大自然。最厉害的当然是能从书中读出自己思想体系的人，能成为这样一类人固然属于凤毛麟角，但我相信这条大路始终是宽阔的。历史也证明：古往今来，很多人从最基础的读书学习开始，通过实践运用、循环往复，最终成为一个思想者，为社会做出了突出的贡献，名垂青史。

如果是一点书都不读的人，结果又会怎样呢？他会遭遇到各种报复：社会会报复他，因为他没有读书这样的付出，他就没有能力为社会创造价值，社会也不会给予他相应的回报；他的孩子也会报复他，因为他既没有留下钱给孩子买书，也没有给孩子树立爱读书、爱学习的好榜样，孩子不成器，自然就会怨恨父母。

● 向犹太人学习，养成爱读书、终身学习的好习惯

现在的家长多纠结于如何教育孩子，到底要给孩子留下什么财富。我认为在这点上，我们应该好好向犹太人学习。

犹太人十分注重从小培养孩子爱读书、终身学习的好习惯。他们有一个习俗，当孩子刚刚懂事的时候，母亲就会将蜂蜜滴在书本上让孩子舔，让孩子记住书是甜的，要像爱吃蜂蜜一样爱啃书本，以此在幼小的心灵上打下热爱读书的烙印。

我认为家长给予孩子一个重要的教育和一笔终身享用不尽的财

富就是让他从小养成爱读书的习惯。办法有很多，例如送给孩子的第一份礼物是一本书；出去游玩的时候在包里放一本书；晚上睡觉的时候在孩子的枕边放上一本书；让孩子在房间里随处都可以看到书……从小培养他对书籍的感情也很重要。还有一点十分重要，但往往被家长忽略，就是要让孩子经常看到家长手里拿着书，而不是手机。有些家长也知道孩子读书的重要性，但只让孩子看书，自己却在一旁刷手机或是平板电脑。常言道：身教重于言传。大人不能对自己松、对孩子严，要以身作则，才能让孩子养成爱读书的好习惯。

● **最好的投资在于读书**

任何人的成长其实都是从不读书到读书开始，经过读不同阶段的书和长时间的努力，让自己变得越来越有思想，并用这些思想经世济民，最终实现个人及社会的价值。企业的成长也一样，恒源祥也不例外。

恒源祥发展之道在于经营品牌，用文化来打造品牌，核心在于恒源祥借助产品等载体表现出来的思想和文化被社会广泛地认同和记忆。未来恒源祥要成就百年、千年的企业，代代相传、生生不息，必须继续保持做一个有思想、有文化的企业。如同千年以前的那批哲人和伟人，因为他们有精深的思想，千年以后的我们依然会记住他们。

任何思想和文化的产生、发展和持续，都不是凭空的。在恒源祥，我们一直致力于通过不断形成思想来建立企业文化。我们用了很多的方法、工具和途径，例如长期出版《创导》杂志，推出《思想的声音》等书籍。我们借助这些手段，鼓励并帮助每个员工和公司逐渐形成、积累起思想和文化，并通过产品、服务和传播等渠道，让这些思想和文化成为社会文化的组成部分，长久地存在于社会之中。

所有这些工作的基础在于读书。时至今日，我依然强调最好的投资在于读书。朋友，当你有钱的时候去买几本书吧；朋友，当你有时间的时候去多看几本书吧；朋友，当你想为社会创造价值的时候，通过读书让自己产生一些思想吧。读书，从来都不嫌晚。过去不读书没关系，毕竟已经过去了，我们无须重蹈覆辙，关键在于我们从今天开始努力读书。

当然，社会发展的趋势已经清晰明了，未来不可能掌握在某一个有智慧的人手上，而是掌握在一群有智慧的组织手上。但组织是由一个个人构成的。所以未来的状态是有智慧的个体构成有智慧的组织推动社会发展。我希望每一个恒源祥人牢记恒源祥的经验和使命，从自己做起，养成爱读书的习惯，通过读书成为一个有思想、有文化、有智慧的人，继而让恒源祥这样一个组织成为有思想、有文化、有智慧的组织，再用这些思想、文化和智慧的活力去影响社会。只有这样，未来才会长久地掌握在我们手中。

就恒源祥目前的状态而言，我们缺的东西还很多，需要培育的东西也很多。俗话说：万丈高楼平地起。我们要多读有营养的书籍，懂得和有智慧的人交流。我向读者推荐以色列青年学者尤瓦尔·赫拉利撰写的《人类简史》，它告诉我们人从哪里来；并推荐他的另一本书《未来简史》，他会告诉我们未来会到哪里去。希望大家有空读一读，也和别人分享一下读书的心得，因为我们只有了解未来，才能掌握未来，到达未来。

Ⅳ 涵养静气,提升底气

静气与底气

● 安静下来才可以做到深入思考

庚子鼠年的春节因为突发新型冠状病毒疫情,大家都被"宅"在了家里,没有爆竹喧天,不能走街串巷互相拜年,异常安静地过了一个年。虽然有些寂寞,但我觉得未必不是一件好事,我们可以停下忙乱的脚步,被"逼"着安静下来,做一些思考。这是我们应该养成的习惯。

我通过微信朋友圈和大家分享了一篇文章《全民族静下来,是一个国家深度思考的开始》,表达了我的这个观念。

因为探索文化课题的原因,我了解到全世界各地的文化习惯,先前也和大家分享过类似犹太教过安息日的传统。无独有偶,在印度尼西亚的巴厘岛,每年的新年叫作寂息节。寂息节的时候,所有人都静静地待在家中不许出门、不许烧火、不许娱乐,以及不许发出任何噪音。大家基本都会清食冥想,审视自己这一年的不足与成长。

与有些国家形成对比的是,中国人的节日,特别是春节,过得异常热闹,即便是平常的日子也显得过于忙碌,过于"丰富"。中国人太缺乏安静、深入思考的时刻。疫情给了我们当头棒喝。我认为:这是大自然给我们每一个人敲了一记警钟。我们应该安静下来,拜访自己的内心,与自己做一次对谈:我目前的生活是什么样的;未来的生活有怎样的目标;两者比较,有哪些观念、习惯可以改进、改善;如果有类似身染新冠肺炎的大事发生,自己究竟如何应对……

我相信绝大多数的人都没有想过这些问题,更不要说有所准备,所以一旦有重大危机和考验到来的时候,必是手足无措,慌乱不堪。

● **涵养静气的起点和关键是知止**

我们虽然无法预料人生的旦夕祸福,但尽早思考和准备确实是可以做到的。清朝三代帝师翁同龢有一副著名的对联:"每临大事有静气,不信今时无古贤!"对联告诫我们遇到重大事件时,首先要有静气,做到沉着冷静地应对。

我们知道,中国古人为人处世十分强调和崇尚"静"。古人认为:小到修心养身,大到治国理政,都离不开"静"。诸葛亮在《诫子书》中以"静以修身,俭以养德,非淡泊无以明志,非宁静无以致远"来教育八岁的儿子。《黄帝内经·素问·上古天真论》中为人们开出养身御病的良方:"虚邪贼风,避之有时,恬淡虚无,真气从之,精神内守,病安从来?"而宋代苏洵的《心术》中将"泰山崩于前而色不变,麋鹿兴于左而目不瞬"作为制敌、做事的法宝。

静是如此重要,但静非天下掉下来的馅饼,需要我们后天的修炼。儒家经典著作之一《大学》里说:"知止而后有定,定而后能静,静而后能安,安而后能虑,虑而后能得。"意思是:知道应该达到的境界才能够使自己志向坚定,志向坚定才能够镇静不躁、心安理得,心安理得才能够思虑周详,思虑周详才能够有所收获。

从这段话中,首先,我认识到:涵养静气的起点和关键是知止。"止"指"归宿""立场"。知止就是对目标、归宿和自己的原则立场有明确的了解。例如对于共产党员,我们要做到"不忘初心,牢记使命",做到"全心全意为人民服务"。对于恒源祥人而言,就是践行我们的使命、精神和价值观,以品牌的方式做产品,用文化的方法做品牌。

因疫情防控,网友笑谈小区门口保安有"灵魂三问":你是谁?你从哪里来?你要到哪里去?然后深情地"给你一枪",看你是不是"头脑发热"了。我想如果能明白"知止",这些问题的答案就会迎刃而解。有了答案,面对物欲横流、竞争激烈、信息泛滥、诱惑重重,才能明辨是非,不迷茫、不浮躁、不冒进、不畏缩、不妄动。"知止"是我们形成静气的底气之一。

● 形成静气的底气在于学习

我们临大事常无法做到静气是因为压力大、没有解决问题的思路，对付这种压力最好的办法就是提升眼界和能力。而提升眼界和能力的关键在于学习，学习可以使我们视野开阔、头脑冷静、应对自如。学习的方式方法有很多，读书看报是一种；和有思想、有能力的高人在一起交流、做研究也是一种事半功倍的好方法，这个习惯帮助我这些年带领企业破解遇到的问题、困难、挫折和考验。此外，学习、交流的成果还形成了"品牌和文化"系列课题的研究成果，帮助恒源祥未来的发展更有底气。

良好的学习成果可以涵养静气，静气也能助力我们更好地学习，两者相得益彰。

● 形成静气的底气在于提早行动

古人提倡未雨绸缪，今人说"手中有粮，心中不慌"。我一直强调：大家的项目要有18个月的提早期就是这个道理。当别人临阵磨枪时，你早已胸有成竹。而且提早准备不仅效果好，成本还低。恒源祥品牌建设的历程就很好地说明了这点。

● 涵养静气和底气需要长期的坚持、历练和积累

如果说新型冠状病毒疫情迫使大家安静下来的话，在未来的时

间里，我希望大家能时不时地给自己一些安静的时间和空间，这时可结合太极文化，做些有关琴棋书画、诗酒茶花等事，放慢自己做事的节奏，进入深度思维的状态。涵养静气和底气，需要我们长期的坚持、历练和积累。所谓磨刀不误砍柴工，涵养静气和底气定能帮助我们更好地实现最终的目标。

心随 jìng 而动

● 相由心生，境随心转

佛学中有言："相由心生，境随心转。"通俗点理解就是，一个人外在的相貌和所处的境遇皆源于自己的本心，时刻受到心境的影响，以至于从他的外貌状态可以看出他的内心，平常我们说的"慈眉善目"就是这个意思。

而人所处的环境，也会因为他自身心态的不同而不同。我讲过一个小故事，如何把梳子卖给僧人。有人会觉得这完全不可能做到，因为僧人都是光头，根本用不到梳子，但却有人能够卖出去。他们跟庙里的师父说，可以把梳子提供给那些风尘仆仆来到寺院的香客，礼佛需要保持端庄的仪容，这样寺庙备一些梳子也在情理之中。给出同样的环境，但因为每个人的心态不同，把不可能的事当作可能去思考，应对的方式也自然而然就不同了，这就是境随心转，所有的情况都可以在心态的转变中加以应对。

● 心随 jìng 而动

境随心转其实是很高的境界，在现实生活中，大家都是心随境而动，自己的心情会随着所面对的人和环境发生改变，这几乎是不可避免的。但这个 jìng，也可以有许多种理解方式，至少包含着"境、镜、静"三层含义。在不同的理解下，我们也能感悟出不同维度的哲理。所以，下面我就想聊一聊"心随 jìng 而动"。

jìng 的第一种展现方式就是"境"，心随"境"而动。顾名思义，环境是影响我们日常行为习惯的因素中非常重要的一环。我们通过对文化的研究认为，天、地、人、信仰、制度是形成文化的五个重要因素，也构成了我们所处的自然环境和社会环境。因此，我们可以从这个更广的视角上去理解"境"。每一个人从出生开始，都在某种复杂多变的环境中成长，受到风土人情、家庭习俗、社会规范等因素的影响。可以理解为它是一种帮助我们认知、学习的氛围，在这种氛围中，我们不断地改变自己，让自己更加适应社会与生活，从而应对当下与未来的挑战。当然，这是从积极的意义上去理解的。

我们经常会听到一句俗语："见人说人话，见鬼说鬼话。"这句话是在讽刺一些见风使舵的人，他们的心随"境"而动，因为他们没有做到一视同仁。尤其是在平时的工作中，对待同事、对待合作伙伴都需要相同的积极心态，而不是差异对待。我经常会说，我没有手下，员工都是我的"掌上明珠"。做到不偏不倚，是很难的事，但是我们依然要往这个方向去努力。

心随"境"动,第一层含义的"境"是一种处境、环境和境遇,是我们在生活工作中面对的一切,我们在这个环境中成长,应对环境的变化而积极调整自己,要坚守本心,做到客观公允。

jìng 还可以理解为"镜",我们平常都会照照镜子,打理一下自己的形象,所以古人有言:"以铜为镜,可以正衣冠;以史为镜,可以知兴替;以人为镜,可以明得失。"通过"镜",我们看见的是自己。

恒源祥的使命、精神、价值观和理念是我们通过对文化、对品牌的研究,从 1927 年开始在恒源祥一步步的成长中,不断发现、总结出来的。它就是一面镜子,让我们保持积极的状态,知道自己正在做什么,应该做什么,如何去做。

如果说"境"讲的是外部条件,那么"镜"就是朝内的,讲的是人的内心、本心、初心。如果想要不被外界的环境所影响,那么就要多问问自己。心随"镜"动,意思就是我们不仅要随外部环境行动,也要时刻问问自己的内心、本心与初心后再行动。

第三层含义的"静",可以有很多种解读方式,这里想要重点讲的是"沉静",沉得住气,静得下心。我经常提一个概念"匠人精神",也举过很多例子,比如坚持了 40 多年拍摄荷花的业余摄影爱好者,也有坚持 30 多年的古籍修复者,他们都是在某一个自己感兴趣的点上,持之以恒、孜孜不倦的人。这种匠人精神是非常伟大的,在坚持的过程中他们逐渐成为行业翘楚和领军人物。这都是"静"的结果。

我们恒源祥是经营品牌、探索品牌的，特别需要"匠人精神"精神。因为品牌是记忆，只有成为第一才最容易被别人记住。大家都知道世界第一高峰是珠穆朗玛峰，但是极少有人知道世界第二高峰是哪一座。我们做品牌时，在一个领域内一定要做第一，即便不是第一，我们也要在成为第一的状态中。品牌很重要的一个因素就是历史，是传承，"匠人精神"就是成为历史的一个必不可少的条件。

成为匠人，首要的就是沉得住气，静得下心，可能需要用几十年乃至一辈子的心血沉浸在某一个领域内。比如"绒绣"，它是一项非物质文化遗产，我们赠送出去的绒绣像都是由有数十年功力的大师完成的。在这些绒绣像中可以看到，一个好的作品所需要的历史的积淀和付出的精力，这在当下的社会中是难能可贵的。

心随"静"动，动可以理解为处在某种状态中，所以第三层的意思就是我们的内心要处在"静"的状态中，耐心打磨好我们的某一个技能、特长。

如果说第一层和第二层的 jìng 分别是指外界的处境、环境、境遇和自己的内心、本心、初心，那么第三层的 jìng 就是内与外的结合。总之，心随 jìng 而动的三重含义——"境、镜、静"分别是三种不同的状态，希望大家能够在生活中认真体会并加以实践，从而最终能够做到境随心转。

V 梦想值多少钱

● 梦想是无价的

我如果问你:"梦想值多少钱?"大多数的人会说无价。这里有两层含义:一是梦想确实对一个人太重要了,以至于无法用具体的数值衡量;另外一层含义是梦想的价值无法用现有的公式或者其他方式计量。也许正因为这样,以至于梦想虽说重要,但对讲究实际的人而言,或多或少还缺乏数据说服力。

机缘巧合,我在一本杂志上看到一个小故事,太有意思了,必须全文引用:

2002年11月28日,是美国特有的节日——感恩节。在这个节日到来的前三天,芝加哥市一位名叫赛尼·史密斯的中年男子向当地法院递交了一份诉状,要求赎回自己去埃及旅行的权利。打官司在美国社会,应该说十分普通。然而，不知是因为它涉及的内容不同一般，还是别的什么原因。总之，该案在美国社会引起了轩然大波，以至于到目前为止，仍是新闻部门追逐的热点。

这起案子的案情十分简单。它发生在40年前，当时赛尼·史密斯6岁，在威灵顿小学读一年级。有一天，品行课老师玛丽·安小姐让他们各说出一个自己的梦想。全班24名同学都非常踊跃，尤其是赛尼，他一口气说出两个：一个是拥有自己的一头小母牛，另一个是去埃及旅行一次。可是当玛丽·安小姐问到一个名叫杰米的男孩时，不知为什么，他竟一下子没了梦想。为了让杰米也拥有一个自己的梦想，她建议杰米向同学购买一个。于是在玛丽·安小姐的见证下，杰米就用3美分向拥有两个梦想的赛尼买了一个。由于赛尼当时太想拥有一头自己的小母牛了，他就让出第二个梦想——去埃及旅行一次。

40年过去了，赛尼·史密斯已人到中年，并且在商界小有成就。40年来，他去过很多地方——瑞典、丹麦、希腊、沙特、中国、日本，然而他从来没有涉足过埃及。难道他没想过去埃及吗？想过。据他说，从他卖掉去埃及的梦想之后，他就从来没忘记过这个梦想。然而，作为一个虔诚的基督徒和一个诚信的商人，他不能去埃及，因为他把这一行为连同那个梦想一起卖掉了。

2002年感恩节前夕，他和妻子打算到非洲旅行一次，在设计旅行线路时，妻子把埃及的金字塔作为其中的一个观光项目。赛尼·史密斯再也忍不住了,他决定赎回那个梦想,因为他觉得只有那样,他才能坦然地踏上那片土地。

赛尼·史密斯能赎回那个梦想吗?他没有赎回那个梦想。因为经联邦法院审定,那个梦想价值3000万美元,赛尼·史密斯要赎回去,就可能倾家荡产。其中的缘由,我们从杰米的答辩状中,也许可略知一二。

杰米是这样说的:在我接到史密斯先生的律师送达的副本时,我正在打点行装,准备全家一起去埃及。这好像是我一口回绝史密斯先生要求赎回那个梦想的理由。其实,真正的理由不是我们正准备去埃及,而是这个梦想的价值。现在各位都非常清楚,小时候我是个穷孩子,穷到以至于不敢有自己的梦想。然而,自从我在玛丽小姐的鼓励下,用3美分从史密斯先生那儿购买了一个梦想之后,我彻底地变了,变得富有了。我不再淘气,不再散漫,不再浪费自己的光阴,我的学习有了很大的进步。我之所以能考上华盛顿大学,我想完全得益于这个梦想,因为我想去埃及。我之所以能认识我美丽贤惠的妻子,我想也是得益于这个梦想,她是一个对埃及文明着迷的人,如果我不是购买了那个梦想,我们绝不会在图书馆里相遇,更不会有一段浪漫迷人的恋爱时光,也不会有现在像我们这样幸福的一对。我的儿子现在在斯坦福大学读书,我想也是得益于这个梦想,因为从小我就告诉他,我有一个梦想,那就是去埃及，如果你能获得好的等级，我就带你去那个美丽的地方。我想他就是在埃及的召唤下，走入斯坦福大学的。

现在我在芝加哥拥有 6 家超市，总价值 2500 万元左右。我想如果我没有那个去埃及旅行的梦想，我是绝不会拥有这些财富的。尊敬的法官和陪审团的各位女士们、先生们，我想假如这个梦想是属于你们的，你们一定会认为这个梦已融入了你们的生命之中，已经和你们的生活、你们的命运紧密相连，密不可分；你们一定会认为，这个梦想就是你们的无价之宝。

赎回一个被 3 美分卖掉的梦想，要花 3000 万美元。在我们看来也许没有必要，或者说根本就不值得。然而，据《芝加哥电讯报》报道，赛尼·史密斯已经上诉到联邦法院，说哪怕花 3 个亿，把官司打到自己的曾孙那一代，也要赎回自己儿时的那个梦想。

● **没有梦想，恒源祥就不可能成就价值百亿的品牌**

看完这个故事，你有何感受呢？

对我来说，我就是故事中的杰米，我能成为今天的自己，得益于梦想的鼓励。1987 年我踏入恒源祥绒线商店的时候，我的梦想是将恒源祥打造成为全国乃至全世界产销绒线第一的企业。差不多十年后，1996 年，我实现了这个梦想，那一年恒源祥的绒线产量突破了1万吨，成为世界第一；1995年，我在公司内部的一次高层会议上又大胆地说了一个梦想：有朝一日让"恒源祥"三个字留在奥运会、世界杯的赛场上。十年后，2005年12月22日，恒源祥签约成为北京2008年奥运会的赞助商。这里还有一个小插曲，就是恒源祥成功主办2015年劳伦斯世界体育奖的颁奖典礼，这也是一个梦想成真的过程。恒源祥是劳伦斯奖历史上首个企业主办方。

我想说：没有这些梦想，也就没有我的今天；没有这些梦想，恒源祥就不可能成就价值百亿的品牌，并在未来能持续创造更高的价值。

● **未来和梦想一旦锚定，就不要心猿意马**

关于梦想，我希望大家是站在未来来看现在应该如何去做。我常常说的一句话，希望大家都能记住：不要让现在的财力影响我们的想象力。我希望大家多去想想未来，想想自己的梦想，用定下的目标来看待当下要做什么。另外，未来和梦想一旦锚定，就不要心猿意马。

2007年我分享了湛如法师讲《禅与管理》的内容。湛如法师讲了一个故事：

在一座寺庙里，晚风习习，吹动着寺里的一刹幡，两个和尚在争论，一个和尚说是"幡在动"，另一个却说是"风在动"，彼此争论不休，这时六祖慧能说："我觉得这既不是幡动，也不是风动，而是你们的心在动。"

六祖慧能说出了问题的本质。市场的万千变化如同"幡在动""风在动"，很能吸引我们的关注和争论，但我们的心不能随着"风"和"幡"动来动去，否则我们就会为表象所迷惑，随波逐流，迷失了初心。

这使我想到，当下成功者为什么凤毛麟角？最缺失的可能就是梦想的引导。扪心自问，你有梦想吗？你这个梦想是随波逐流、人云亦云的，还是基于你自身的特点定制的？你的梦想是利己的，还是对别人、对社会都有价值呢？

一个人必须要有一个像模像样的梦想，因为梦想是一个人最大的一笔财富，而且价值不菲、不可替代。

VI 在"自找苦吃"中前行

"自找苦吃"

● 我们要主动磨炼自己，寻找突破

2021年，对恒源祥而言是值得纪念的一年。因为2001年的2月23日，我与合作伙伴一起，从万象集团手中收购了恒源祥品牌及7家相关子公司，并成立了恒源祥（集团）有限公司。集团成立后，它不再跟原先一样是一家上市公司，它的性质变了，面临的环境也随之改变。至2021年，恒源祥集团已在风雨兼程中走过了20个年头，这一路离不开所有人的相伴与支持。

犹记得在2001年4月，恒源祥召开全员大会。面对崭新的发展道路，我希望所有人一起想办法面向未来，让恒源祥走得更长更远。当时我在大会上说："自从我来到恒源祥的那一刻起到如今，恒源祥几乎经历了中国企业所能经历的所有的痛苦、磨难、挫折和挑战，但我始终没有选择去对抗它们，而是把它们当作机会，使自己不断成长。今天我们改制了，再也没有人给我们痛苦、磨难、挫折和挑战，那么我们就从此安逸了吗？并不是。恒源祥在未来的发展中必须主动磨炼自己，寻找突破。而能帮助我们披荆斩棘，不断战胜挫折和挑战的方法，就是通过不断学习完善自己。"

正因为如此，从过去到现在，我一直让自己始终保持奋斗精进的状态。年轻的时候，忙完一天工作回到家里，我会拿出一到两个小时的时间看书学习，提升自己的专业能力。现在我会和不同领域的专家学者一起沟通交流，了解最前沿的学术动态，拓宽自身的眼界。与专家交流其实是一种非常高效的学习方式，我们可以从对方口中了解某个领域最为精华的部分——他的核心观点可能就是几个词、几句话，借此有助于我们展开更深入的学习。

与此同理，我经常提倡大家看完书之后，能够一起做读书交流会，把一本书的内容通过一段话、一个句子，甚至一个字来讲述清楚。如果这个读书会有10个人一起参与分享，那么就通过这一两个小时学习了10个知识点，这比一个人单独求索来得更为高效。当然，别人讲述的可能是核心观点或者主要内容，如果想要搞清楚它的来龙去脉，仍然需要自己耐住心、下功夫。这就是我常说的"把书读薄，再把书读厚"。因此我会经常问大家一个问题：最近你学习了吗？看了什么书？可以分享一下吗？

我们在企业中，除了学习与本职工作相关的知识，其他领域也值得探索，当然也不能因为在某一个领域内有了比较成熟的知识体系而自满，要主动去寻找自己的薄弱之处，并加以弥补强化。一个地区、组织与个人，只有不断学习成长，才能走得更远。这与恒源祥集团20年来主动寻找痛苦、磨难、挫折和挑战的道理是一样的。

痛苦、磨难、挫折和挑战提供了一种环境，一种逼迫着我们不断提升自己的环境，如果一个地区、组织与个人在面对它们的时候退缩逃避，只能被历史的潮流湮没。所以，我把痛苦、磨难、挫折和挑战看成是机遇，而面对机遇，我们就要用不断学习的方式好好把握它。古人有一句话，叫作"居安思危"，就是这个意思。

● 我们主动去寻求挑战，学习新知

回到恒源祥自身，我们主动去寻求挑战，学习新知，其实也是一个无中生有的过程。那么我们应该学什么，寻找怎样的奋斗目标呢？答案依然是文化与品牌。恒源祥在最近这20年的历程中，正是秉承着这样一种理念与精神，在塑造文化与品牌的道路上，不断寻找新的突破口，不断完善自身，才走到了今天。

为了更好地探索文化与品牌，从20世纪90年代开始，我们就在尝试与顶级的平台建立关系，助力恒源祥品牌形象的提升与内涵的延展。1996年，我们开展了"百人百项百印庆百年"祝贺现代奥林匹克运动诞生一百周年的活动；到2005年，我们成为2008年北京奥运会赞助商，正式牵手奥运；之后，我们又陆续成为中国奥委会的合作伙伴、中国奥委会赞助商、国际奥委会正装供应商、2022年冬奥会和冬残奥会官方赞助商。我们也联合了中国社会科学院工

经所,开展"国家品牌战略问题研究"课题,随后与中国社会科学院数经所共同承担了"国家品牌与国家文化软实力研究"项目。在文化与品牌的发展上,我们走了一条前人没有涉足的崭新道路,路上充满了未知;我们也做好了准备,随时随地面对痛苦、磨难、挫折和挑战,并以此为台阶,实现自己的战略目标。

从2021年开始,文化与品牌的探索进入了第二个十年阶段,依然需要恒源祥所有人持续坚守、学习求索、无中生有,在"自找苦吃"中奋勇向前。

人生三件事

● 人生第一件事情是"活着"

一个人一辈子三万多天,能有很多事,但在我看来,人生主要是三件事:活着、吃着和乐着。

活着是首要的,人死了也就没什么可谈的。有人说,生是父母给的,而活是靠自己的。关于如何活着,是人生的大课题。人都希望活着,都害怕死亡。我有一个朋友得了癌症,在手术前,我去看他,他害怕得不得了,我对他说:你不需要担心,人每天都会死一次,就是睡觉的时候。睡着了,什么都不知道,不是等于死了吗。真正死了,就是永远不再醒来,也是什么都不知道,你还担心什么呢？

对我们来说，每天早上醒来，告诉自己没死，迎来了新的一天，这是值得珍惜的。我们应该懂得如何更好地活着。

那怎样算活得好呢？有人说，要成功！那什么是成功？功成名就？名利双收？我觉得活得好不仅是对自己而言，更是为别人，能让别人开心地活着。如何能让别人开心呢？就是为别人带来价值，其中最重要的价值是让别人梦想成真。我认为但凡能让别人梦想成真的人，这个人一定是一流的、成功的、活得好的。个人是这样，组织和国家也一样。恒源祥能活到现在的秘密在于此——让所有有梦想的人在恒源祥联合体里梦想成真。未来恒源祥要继续活着、延续一流，还得持续让人梦想成真。这就是活着的秘密——不仅能很好地活着，还能"不死""死不了""打也打不死""想死也死不了"。其中的道理很简单，人们怎会让自己痛苦呢？这是人性决定的。

● 人生第二件事情是"吃着"

第二件事是吃着。俗话说：民以食为天。吃穿住行，吃是活着的头等大事。孔子也说"饮食男女，人之大欲存焉。"吃虽然是人的本能和最大的欲望之一，但也不能乱吃一通，吃与活着和做其他的事情一样，也有所要遵循的道理，更何况我们已经度过了吃饱肚子的阶段。所以，我们要懂得如何吃。

首先，不该吃的不能吃，包括野生动物、反季节的蔬菜水果等。我们要吃得正常，吃得卫生，吃得健康。孔子曾说："非礼勿视，非礼勿听，非礼勿言，非礼勿动。"我认为这个"动"里应该也包括吃。

其次，能在吃的过程中体会出精神和文化是最好的。我有一个习惯，就是每到一个地方，就要找当地的"土菜"来吃，因为这是最能体现当地文化特征的一个载体，所以可以在吃中深刻地理解一个地方、一个民族、一个国家的文化。

在吃文化中，还有一个有趣的现象是"米其林星级餐厅"。众所周知，米其林是做轮胎的，一个轮胎制造商竟然能为全球的顶级大厨和餐厅评分暂且不论，我们来看看米其林是如何评定星级的。一颗星★：是"值得"去造访的餐厅，是同类饮食风格中特别优秀的餐厅；两颗星★★：餐厅的厨艺非常高超，是绕远路也值得去的餐厅；三颗星★★★：是"值得特别安排一趟旅行"去造访的餐厅。

全球的米其林餐厅数量不算多，消费也很昂贵，但全世界热衷去米其林餐厅就餐的消费者可是数不胜数且日趋增多，而且每年还有历尽波折还是不能得偿所愿的趣闻报道出来，这说明了什么？在这个饮食极大丰富的时代里，对大多数人而言，吃饱不在话下，吃好也轻而易举，为什么还要盯着米其林餐厅去消费呢？这是因为在米其林星级这样高端的餐厅里，不仅能吃到美食，更能欣赏艺术、享受文化、体味精神。米其林餐厅里的食物，不是简单的菜品，而是文化作品，甚至上升为"道"的体现。这是能满足消费者生理需要，最重要的是精神需要的去处。

举这个例子不是让大家非去米其林餐厅不可，而是希望大家在吃的过程中，能体会到文化的重要性，以及它带来的乐趣，我认为做品牌的道理也在其中。

● **人生第三件事情是"乐着"**

第三件事情是乐着。和活着的道理一样，要让自己真正地欢乐，不是为自己，而是让别人开心的时候，自己才会真正开心。

让别人开心的方法有很多，最简单的一个方法是讲一些幽默小故事。在与别人交往中，我经常讲一些我看到、听到的幽默小故事。幽默不是滑稽搞笑，幽默是包含智慧的，让人听了回味无穷、印象深刻。我感到最有感染力的幽默小故事是自己在生活中经历的或者原创的，分享给大家的时候，效果最好。

还有一个让别人开心的重要办法就是为别人带来好处。

我曾分享过我小时候理发的故事。那时父母每月会给我一毛钱去理发店理发。当时在弄堂里有摆摊的理发师，不洗头9分钱可以理，我就能省下一分钱，但我觉得还不够，所以就想了一个办法：把弄堂里近十个小伙伴召集来，和师傅谈，十个人一起理发，8分一个理不理？他同意了，而且因为我帮他拉来了生意，我就免费理发。我把一部分省下来的钱买了零食分给小伙伴。这样一来，理发师傅利润增加了，我的小伙伴们比原来也少花了钱，还吃到了零食。在这过程中，我不仅赚到了人生中的"第一桶金"，更重要的是学会了如何让相关联的每一个人都开心。

现在我有一个口头禅"开心、开心、再开心"。另外，我也曾说过：我们一代一代的国家领导人让中国人民站起来、让中国人民富起来、让中国人民强起来，现在的核心工作就是要让中国人民乐起来！

总之，在人生三件事上，我希望大家不仅肚子吃饱，精神也要"吃"饱，都能健康、快乐地活着，形成文化的概念，感受文化的力量，形成自己文化的故事。

- 成于好文化，败于坏文化，我们要养成不断应对变化的文化习惯。
- 恒源祥倡导的是，在创造财富的过程中，为别人服务，为别人创造价值的价值观。当别人有了未来，恒源祥才能有未来。
- 文化变了，结果也变了；文化不变，结果也不会变；文化变得越多，结果也就变得越多。
- "我是一切的根源"，我们可能无法掌握风向，但我们至少可以调整风帆；我们可能无法左右事情，但我们至少可以调整自己的心情。
- 什么财富最保值呢？应该是无形的品牌财富、文化财富。
- 制度的好与坏直接决定了未来的命运，并且好的制度能够变成一种持久的文化，推动个人、组织自觉地发展壮大。
- 恒源祥的战略就是不断地"变"，而且这种"变"的特点是：以不变应万变，以万变求不变。
- 把战略的制定、修正和执行过程，看成是一个不断适应变化、不断学习乃至不断创新的过程，是一个动态的、持续的、无止境的过程。

Chapter 5

改变文化,改变命运

1 文化不变,一切都不会变

文化决定未来

● 文化是根本,文化不变,一切都不会变

2008年在联合体代表观摩奥运期间,我为2000多位代表做了7场沟通交流,交流中讲了我和我同学的一个例子。我们差不多同时出生,社会环境、家庭情况、学习经历几乎都一样,甚至走上了相同的工作岗位,但是30年过去了,我的同学还在当营业员,而我和他的差别已经巨大,这是为什么呢?

人出生时,基本都差不多:差不多的体重,差不多的智商,一样要吃喝拉撒,一样要走向死亡……虽然生是一样的,但在活着的过程中，因为形成了不同的文化习惯，所以未来就不一样。

文化是一种习惯和个性，它表现在价值观、日常行为习惯、能力等方方面面，其中的差异导致了结果的千变万化。一个人是如此，一个组织、一个国家也一样，有什么样的文化，就有什么样的结局。

我曾经在多年前预测通用汽车二三十年内会倒闭，2009年通用汽车已经破产重组。我为什么能做出准确的判断呢？因为我看到通用的文化不支持它的产业走向未来。对于企业是如此，对于一个国家而言，也是成于好文化，败于坏文化。美国是一个典型。美国之所以能成为世界一流国家的代表，根本在于它"容"的文化，但是，它所倡导的不顾可持续发展的美国化的生活方式，以及充斥着暴富欲望的金融体系等通过"金融海啸"为全世界带来了巨大的灾难。所以想要一个美好的结果，就必须要有好的文化。文化是根本，文化不变，一切都不会变。

● 改变旧文化，形成新文化

恒源祥提出文化转型，道理就在于多年来我们通过深入研究证明了文化的决定性作用。恒源祥以前的转型，多是产品的转型、产业的转型、商业模式的转型；如今提出的文化转型，是对根基的转型，是对打造百年、千年恒源祥根基的转型。根基不转变，产品转型、产业转型、商业模式等外在的转型都是似是而非的转型。如果把文化转型做好了，去除了群体中不好的文化，我们就可以把恒源祥做长做久，做大做强。

首先，我们要主动地了解世界，了解未来。在这个过程中，我们会发现这个世界变化得越来越快，未来充满了不确定性，能深刻地认识到"唯有变化是不变的"这个道理十分重要，这决定着我们要养成不断应对变化的文化。其次，我们要遵循规律，勾画未来，创造价值。世界和未来充满变化，但不是无迹可寻，变化有一定的规律，例如通过分析我们能看到人类需求的变化，20世纪是物质需求的时代，21世纪是物资需求向情感需求转变的时代，下个世纪是情感需求向精神需求转变的时代。我们只有遵循这样的规律，设计我们的未来，才能有美好未来。最后，我们要改变旧文化，形成新文化，最终实现我们的目标和愿景。

● 形成好的文化，正确的价值观至关重要

在形成好文化的过程中，正确的价值观至关重要。如何理解价值观？在我看来，价值观与世界观、人生观、审美观和伦理观有关。

衡量一个人的世界观和人生观，其实是看他存在的价值，即看他在多大范围内为多少人贡献多大的价值；衡量一个人的伦理观和审美观，其实是看他如何判断善与恶、美与丑、是与非。

正确的价值观应该是为绝大多数人认同的价值观。恒源祥倡导的是，在创造财富的过程中，为他人服务，为他人创造价值的价值观。当他人有了未来，恒源祥才能有未来。

人的一生有四个阶段：第一阶段——从出生到24岁，是"要"的时代，要吃、要穿、要学习、要知识、要文化……第二个阶

段——从 25 到 48 岁,是"舍"的时代,因为第一阶段索取了很多,所以这个阶段就要为他人创造价值。第三个阶段——从 49 到 72 岁,进入到"得"的时代,因为前面一个阶段付出了,所以第三阶段就会有收获。这应该成为我们的价值观。第四个阶段——75 岁以后,是"化"的时代。"化"的时代就是把已拥有的财富全部转化给他人和社会。

当然在全球化状态下,未来对我们的要求越来越高,我们不可以狭隘地站在自己的立场上去想问题,我们要形成为全人类做贡献的价值观,那么我们就会成为人类历史的一部分。这是恒源祥全新的使命,需要我们从点滴开始,从小范围起步,使恒源祥逐步成为行业、地区、国家,直至世界历史的一部分。

我们一定可以做到,关键是一定要有这样的梦想,为梦想去努力和奋斗,赋予自己这样的激情,那么我们的未来一定会和别人不一样。

● 形成好的习惯,要从小处着手

正所谓"万丈高楼平地起",形成好的文化,还要从细小的、日常的行为习惯开始变。我们的生活,是从进出、穿脱开始的,在这些日常行为中表现出的习惯和个性与我们的工作、学习状态是密切相关的,直接影响着我们的未来。举个最简单的例子,一个吃饭时杯盘狼藉、脱衣时乱七八糟的人怎么能让人相信他做事时会井井有条、认真细致呢?所以我们要认真对待日常的行为习惯,从改变不好的日常行为习惯开始，形成符合组织发展需要的文化。如果我们能从文化转型的高处着眼，从细节决定成败的小处着手，我们一定会在工作、学习、生活等各个方面有比较美好的未来。

● 文化的趋势

2001年推出的《恒源祥21世纪战略蓝图》强调了三方面的认识：认识趋势；认识价值取向；认识价值转移。认识归结到了文化——文化的趋势，以文化为核心的价值取向，以及文化的转移。通过研究，我们认为未来要让英国人做个性，让意大利人做创意，让德国人做制造，让法国人做时尚，让日本人做流水线，让印度人做服务，那让中国人做什么？让中国人当领导！如果我们是这样认为的，朋友们，请大家记住，只有把我们的文化建设好了，我们未来才能成为这个世界的领导！

扫除坏文化

● 有趣的"圆心"——文化

从2008年的1月6日开始，恒源祥毛针织公司开始一年一度的经销商考核工作，就考核的结果看，基本有三分之一的经销商2007年的业绩较上年有大幅度的增长，最大增幅达100%；有三分之一的经销商居中，完成了任务，但增长不明显；有三分之一的经销商的业绩出现了负增长，甚至出现了较大幅度的下滑。

发展遭遇瓶颈或者倒退的经销商会说：我也很努力，也很勤奋，为什么没有回报呢？这让我想起"驴拉磨"的场景，驴再勤劳，走得再久，也离不开那个圈，天地还是那么大！那束缚住我们的那个"圆心"是什么呢？

在我们分析原因的时候，发现了一个有趣的"圆心"——文化。文化变了，结果也变了；文化不变，结果也不会变；文化变得越多，结果也就变得越多。

那文化（习惯）是如何养成的呢？有一个猴子实验很能说明问题。

> 把五只猴子关在一个笼子里，笼子里挂一串香蕉，实验人员装了一个自动装置，一旦监测到有猴子要去拿香蕉，马上就会有水喷向笼子，这五只猴子都会被淋湿。首先有一只猴子想去拿香蕉，结果五只猴子都被淋湿了。之后每只猴子在几次尝试后，发现结果都一样。于是，猴子们达成一个共识：不要去拿香蕉，免得被水喷到。后来实验人员把其中的一只猴子释放，换进去一只新猴子A。A看到香蕉，马上想要去拿，结果被其他四只猴子打了一顿。A尝试了几次，被打得满头包，依然没有拿到香蕉。

当然，这五只猴子就没有被水喷到。后来实验人员再把一只旧猴子释放，换上另外一只新猴子B。B要去拿香蕉同样被猴群猛打。后来一只一只的，虽然所有的旧猴子都换成了新猴子，但大家都不敢去动那香蕉。它们都不知道为什么不能去动香蕉，只知道动了就会被打。

● 坏文化可以概括成几个"不"

在恒源祥联合体里，很多成员在与市场、与人的互动中，因为种种原因逐渐丧失了独立思考的能力，以及突破性思维的能力，不知不觉中"养"成了类似性质的坏习惯。正所谓"窥一斑而见全豹，观一叶而知天下秋"，恒源祥在考评中总结出以下带有普遍性的坏文化（习惯），可以概括成几个"不"。

1. 不专注

所谓不专注，就是三心二意，表现出一种"散"的习惯：一种"散"是散在品牌上，手里有好几个品牌；一种"散"是散在行业上，跨行业搞多元化的业务；还有一种"散"是在心态上，品牌发展势头好时就跟进，品牌一旦有个"风吹草动"就随时准备放弃"另起炉灶"。这种小猫钓鱼式的做法，早在小学时，老师就已经告诉我们结果注定是失败，但很多成年人反而要在品尝到失败的滋味后才懂得专注。

2. 不投入

所谓不投入，就是老等着天下掉馅饼，表现出一种"大树底下好乘凉"的"靠"的习惯。但凡不专注的经销商，一般也不会投入，这种失败的原因好比银行里的存款，一味支出，而没有投入，总有坐吃山空的一天。凡是懂得可持续发展道理的人都知道只有投入才能有支出，而且投入要大于支出，才能积累越来越雄厚的资本。舍得又懂得投入的人才能有丰厚的回报；相反，既不舍得又不懂投入的人，生意只能越做越小。

3. 不进取

所谓不进取，就是故步自封，表现出一种"木"的习惯。一部分人保守，只愿意守着自己的"一亩三分田"，试图用昨天成功的方法维持住今天的成功，但市场瞬息万变，以"不变应万变"只能"失守"；一部分人曾经创造过辉煌，但时间一长，自我感觉太好，开始"夜郎自大"起来，殊不知市场如逆水行舟，不进则退，早有人赶超在前；还有一部分人则贪恋"发展的舒适区"，满足于每年的小幅增长，这也是不进取或者进取不充分的典型表现。不思进取的人在面对发展的时候都习惯说一句"口头禅"——"不可能"。其实不是不可能，根子是心里不愿意。不愿做，总有借口；愿意做，总有方法。事实证明，愿意做的人把很多的"不可能"变成了"可能"。

4. 不自省

所谓不自省，就是归罪于外，表现出一种"怨"的习惯。这些人在遭遇失败或者完不成任务的时候就拼命寻找借口，把责任推卸到其他人身上、对手身上或客观环境。事实证明，习惯归罪于外的人永远也找不到根本问题的解决办法；相反，习惯于"反求诸己"的人则能更快、更准地找到突破的不二法门。

● 了解坏文化，改变坏文化

坏文化（习惯）或许远不止这些，但就是这些坏文化（习惯）的"恶势力"谋杀了成功，谋杀了机会，谋杀了价值，不改变这些坏文化（习惯），事业停滞和衰退的局面将难以改变。所以摆在我们面前的只有一条成功突围的道路："革命"——了解坏文化（习惯），改变坏文化（习惯）。因为"我是一切的根源"，我们可能无法掌握风向，但我们至少可以调整风帆；我们可能无法左右事情，但我们至少可以调整自己的心情。我的文化（习惯）不改变，什么也不会变。

有人会说，一个人一旦形成了某种文化（习惯），要改变如同让刘翔110米跨栏突破12秒88，很难。虽难但还是有办法，那就是通过确立正确的方向及更优秀的标杆，每天进步一点点。这样，迟早能建立和形成好的、优秀的文化（习惯），并最终获得更大的成功。恒源祥的成功，也是在不断确立方向、超越标杆的过程中实现的。例如，1995年恒源祥找到的方向和标杆是成为奥运会的赞助商，为了实现这个看似不可能实现的目标，恒源祥在十年内逐渐改变了很多不利于实现目标的文化（习惯）。当恒源祥的文化（习惯）变得更好了，奥运的梦想也就实现了。

值得欣慰的是，在恒源祥加大第五次转型力度的时候，也看到很多联合体成员的文化（习惯）正变得越来越好，也见证了他们取得了一个又一个更大成功。所以，让我们一起来扫除坏文化（习惯）的障碍，创造我们更成功的未来！

II 只有变革，才能突破危机，赢得更大胜利

不断变革，不断创新

● 没有变革就不会有未来

恒源祥，从一家小小的卖毛线的商店，走过近百年的风雨，形成今天的规模。恒源祥现在不仅活着，而且比历史上的任何时期活得都要好，这是为什么？这是因为恒源祥不断变革，不断创新。这种变革和创新不仅是产品的更新换代，更是创造出全新的品牌经营模式。恒源祥在过去实践了变革，因此才会推动自身走到现在，直至走向未来。在这个过程中，与恒源祥结伴而行的工厂、经销商、零售商都发生了变化。也许过去的这些变化是在不知不觉、迷迷糊糊中发生的，但时至今日，恒源祥应该意识到，如果不改变，就没

有未来。企业是这样，国家也一样。如果中国在1978年不变革，也就没有今天的伟大成就。所以，变革是发展的规律，如果今天不改变，明天存在的可能性就会改变。

当下，我们不得不直面变革。今天，中国已经走向了世界，我们的财富增长在受到国际化恩惠的同时也受制于全球化的影响。

2008年，美国次贷危机引发的金融海啸席卷全球之势。雷曼兄弟公司等多家美国显赫的金融机构轰然倒塌，冰岛等政府破产，金融危机导致的股市价值蒸发超过了32万亿美元，超过全球一年GDP的70%。这次危机从金融行业影响到制造业，从制造业影响到流通领域，最终严重地影响了人们的信心，直接反映在消费和投资的疲软上。

在任何金融危机中，中国都难以独善其身。

● 在变革中无形的品牌财富、文化财富最保值

通过分析企业的困境，我们发现，危机导致财富缩水的比例与企业获利的方法密切相关。

企业的财富一般可分为三类：首先是钱，就是货币；其次是物质，例如土地、厂房、设备等；第三是精神，主要是品牌等。一旦发生金融危机，首先消灭的是货币形式的财富。能够说明这个问题

的，不仅有 2008 年金融危机让很多国家、企业、个人在股市等金融领域损失惨重，还有 20 世纪 80 年代以来俄罗斯人的财富缩水问题。在 80 年代，1 卢布可换两美元，但是苏联解体后，卢布贬值严重；到 90 年代中期，6500 卢布才可以折换 1 美元，前后相差了 13000 倍。如果一个俄罗斯人原本有 1 亿卢布，过去可值 2 亿美元，但他一直把钱放在口袋里不用，到后来只值不到 16000 美元。从中，我们可以发现，货币形态的财富在短期内就可以损失殆尽。那什么财富最保值呢？应该是无形的品牌财富、文化财富，这些财富比较稳定，不易受外界金融危机的影响。只有把这些财富建设好，才是真正的财富。如果没认清楚这一点，还以传统的方式获利，就将碰上重大的问题。

所以说企业只要不退出市场，它的财富就处在动态的变化过程中。这种变化除了受外界的影响外，主要由企业采用的运营方式决定。一个企业的运营方式很大程度取决于对机会的认识。以恒源祥为例，作为一家有市场影响力的公司，每时每刻都会受到机会的诱惑，特别是炒股票、投资房地产等可能"暴富"的机会，但恒源祥没有选择投入。这是因为，恒源祥认识到，当社会上绝大多数的人都认为这是机会，开始投资的时候，就意味着其中已经没有机会。恒源祥始终在纺织服装领域里经营品牌，就在别人认为这里机会少时，恒源祥找到了众多的机遇，成就了如今的事业，并持之以恒地将品牌事业逐渐推向极致。

● **文化不变，什么也不会改变**

在2008年北京奥运会上，中国拿到了48枚金牌、100枚奖牌，取得了第一的辉煌成绩。这48枚金牌，大部分都是个人项目的金牌。我们可以清楚地看出，中国的运动个人项目行，集体的项目差；单打独斗的强，联合协作的弱。这种现象不能不说是中国的一种文化现象，在一则经典的笑话中得到了某种印证：有人总结了中国的"国粹"——麻将的玩法是吃上家、看下家、碰天门、独赢。在现实生活中，赚了钱闹分家的企业不在少数，也正说明了中国人的这种文化习性。

这种文化习性在当下的市场环境下，已经成为企业发展的巨大障碍。如果不改变这种不好好合作的文化习性，我们就不能获得更好的发展。我深信，未来恒源祥的发展是依托于联合体成员更好合作基础上的。恒源祥绒线能够发展到今天也是因为联合了好几家绒线工厂一起干。所有这些事实，都能说明一个问题：大家为着一个共同的目标，联手起来做事，成本低，赚钱多；如果不联合，肯定没有未来。所以，当我们发现文化和发展需求不相吻合的时候，应该怎么办？唯有改变文化。因为文化不变，什么也不会改变。

● **在变革中创新企业的发展制度**

我们知道，文化是一种习惯，一种习性。无论是个人，还是组织，都生活在某种文化状态中。虽然个人或者组织有自身的文化，但是同时会被外界的文化状态所设计，集中表现为被制度所设计。制度的好与坏直接决定了未来的命运，并且好的制度能够变成一种持久的文化，推动个人、组织自觉地发展壮大。

通过英国和德国两种不同的贵族制度的对比，我们可以发现制度设计的重要性。原本德国的贵族制度是世界最顶尖的，甚至超过英国，现在，德国的贵族已经不复存在，英国的贵族却还具有世界影响力，其中的关键在于两国设计了截然不同的贵族制度。在英国，贵族的子女都是贵族，但是爵位的头衔只传给儿子，不能传给女儿，女儿因此只能和贵族结婚，否则她的夫婿和孩子都不能变成贵族。这种制度保证了英国的贵族数量不会泛滥。德国的贵族制度曾经比英国还要严密，但是300多年前的一次贵族制度的变革最终导致了德国贵族制度的瓦解。在德国，贵族的儿女不论和谁结亲，他们自身和后代都可以享有贵族的称号。这样一代一代传下来，德国的贵族越来越多，当德国社会几乎全是贵族的时候，贵族也就不复存在了。

当我们知道了自身要受到制度的设计而改变，其中好的制度非常重要，能推动生存和发展时，我们就有必要设计或者选择融入好的制度中。

回顾恒源祥的发展，其所取得的最大成就不在于创造了很多有形的价值，而在于实施了一次伟大的变革，也可以理解成为设计了一套好的发展制度。

在这种制度下,我们的工厂、商店改变了简单生产、买卖产品的格局,转变为品牌经营环节中的重要组成部分。在2008年的金融危机中,这种制度的先进性、优越性得到了充分的体现。

在这种制度设计下,我们联合体的成员在学习和实践中,经营品牌的能力得到了不断的锻炼和提升,经营业绩持续稳步增长。

在这种制度设计下,恒源祥联合体形成了一个大家庭,所有的成员拥有了共同努力的愿景和目标——经营品牌,继而也拥有了未来的发展空间。更为重要的是,这种制度在发展过程中获得了越来越多的联合体成员的认同,逐渐成为成员自觉践行的习惯,经营活动的习性,最终必将形成共同的经营文化。这种文化的力量将无比巨大,我们不仅会收获更为丰厚的财富回报,而且还会获得更多的经营品牌的乐趣和持续发展的美好未来。

我眼中的机遇与挑战

● 明晰国家、民族面临的机遇和挑战

无论个人、组织,还是国家、民族要想发展,都离不开对机遇和挑战经常性的思考。因为个体发展受到宏观环境的影响很大,所以个体想要厘清发展的方向,必须先明晰国家、民族面临的机遇和挑战。

在我眼中，中国五千年的发展历程虽然起起伏伏，但在很长的时间里我们一直领先全球。中国近代衰败，但在新中国成立，特别是实施改革开放后，中国经济开始快速复苏。如今中国的经济总量已经位居世界第二。面对中国现今的发展成就，在振奋之余，我也会冷静思考，我认为中国增长的大势实则在于恢复性增长，是因为改革开放后，中国的发展状态与世界的水准已经不相吻合了，倒逼着我们进行恢复性的增长。

对于中国的发展，我认为必须一分为二地看。首先，未来中国还将处在恢复性增长的通道中。中华民族发展的体量很大，除了国内有超过14亿的人口外，世界上还有超过1亿的华裔，这样的体量让我们拥有了很多发展的机会。此外，这些年来国家正在推行城镇化道路，也将创造大量的发展空间，取得进一步的增长。其次，我们也要正确看待我们已经取得的成绩和未来的机遇。例如我们欣喜于高GDP（国内生产总值）数据，但是我们要认识到GDP只是衡量国家经济状况的一种指标，而不是全部。在其他相关数据方面，我看到一个现象，就是中国的境外投资收益，在GDP占比中还不高；与之相对应的美国所输出的资本、技术和品牌，每年拿回的总量约占美国整个GDP总量的40%。从中我们可以看出国家经济的增长方式、财富的构成，以及未来的发展潜力的不同。

在看到机遇的同时，我们还要看到面临的挑战。比如2007年美国次贷危机、2008年的金融危机对企业的影响很大，很多企业到2015年才得到一定的缓解。2015年以后，中国的企业是不是都有机会呢？不是的，首先在于企业这几年是否能存活下来。比如美国与西方国家曾经发起的贸易谈判"跨太平洋战略经济伙伴关系协定"（TIP）、"跨大西洋贸易和投资伙伴关系协定"（TTIP），其结果将会对中国产生极大的影响。企业可能会觉得这是国家层面的战略问题，离我们太遥远，和我们没关系，但作为世界经济一体化之下的组成部分，世界经济总格局和发展趋势将深刻地影响到企业的发展。

● **恒源祥面临的机遇和挑战**

在大的环境下，恒源祥面临的机遇和挑战又在哪里？

恒源祥的机遇很简单，概括起来一句话——我们拥有的品牌。虽然我们拥有的不是大品牌，但它凝聚着我们，给我们迎接机遇、战胜危机的可能。我们的挑战是什么？也是一句话：我们需要改变，如果我们不改变自己，即使拥有品牌，机遇也不属于我们。需要改变的方面包括我们的商业模式、生产方法，以及与消费者之间的关系等，但这些改变的起点还在于改变我们自己。

改变自己什么？首先改变自己的文化习惯。恒源祥提出：品牌决定财富、文化决定命运。我们要把世界的、国家的发展趋势变为自己的优势，我们选择了经营品牌作为实现路径，所以我们要具备的习惯是符合经营品牌需要的习惯。那什么才是"符合经营品牌需要的习惯"呢？我觉得养成勤于学习的习惯就是其中的基础和关键。举个最简单的例子，这些年技术发展十分迅猛，特别是移动互联网的发展，已经深刻地改变了我们的生活方式、生产方式，如果我们没有学习，不懂得用移动互联网的思维去建立一个与消费者互动的产销平台，那我们几乎就没有出路。如果企业的品牌和消费者的关系还处在一种比较原始的模式中，那么提升学习的效率就已经迫在眉睫。如何学习才能更有效？我认为先要学好别人的经验，可以从书本上学，也可以向先进的标杆组织和个人学，并通过实践，改变自己的习惯。学习人人都会，效果的差异在于人们是否以一种只争朝夕的精神去学习。

时间对每一个人来说都是公平的：每一秒、每一分、每一天、每个月、每一年……但是对不同的人，结果却是不一样的。按照结果不同，可以将社会的人分为三种：第一种是愚者，他们把一天当一天用，把一周当一周用，把一个月当一个月用，把一年当一年用。第二种是智者，他们把一周当一天用，把一个月当一周用，把一年当一个月用，为的是走在世界的前列，思考人生根本的意义。第三种是成者，成者如何利用时间呢？恰好与智者倒过来。他们把一天当一周用，一周当一个月用，一个月当一年用，也就是一周的事情一天做完，一个月的事情一周做完，一年的事情争取一个月做完。

我相信没有人想成为愚者，大家都想成为智者、成者。所以我们要以只争朝夕的学习状态，改变我们的习惯，从而获得进一步的发展。

III 文化的转型是根本转型

● 企业的转型，必须紧紧围绕人这个主题

古希腊哲学家赫拉克利特有一句名言："人不能两次踏进同一条河流。"意思是说一切事物都处在变化当中，而且变化很快，当我们第二次踏入同一条河流时，河已经不是原来的那条河，人也不是当初那个人了。从这个意义上说，尽管"恒源祥"这三个字没有发生改变，但今天的恒源祥早已经不是当年的那个恒源祥了。也正是因此，恒源祥才会说，这些年与其说是获得了巨大的业绩，不如说是实现了巨大的转变。

从历史来看，过去1000年比以往10000年的变化要快，过去100年比以往1000年的变化要快，过去10年比以往100年的变化要快，过去1年比以往10年的变化要快。而今天我们所面临的时代是一个比以往任何时代变化都要剧烈和迅速的时代，面对这样的时代，"唯一不变的是变化"的观念应该成为我们每一个人的共识。但仅仅感知到、意识到变化远远不够，我们还应该了解和把握这种变化背后深刻的原因，以及时刻思考如何去应对这种变化。

我们知道，我们所生活的世界是围绕"人"而展开的世界，没有人的世界对我们来说是毫无意义的。大家都承认这样一个基本的事实，那就是人是最具价值的存在。就像一部电影所说："21世纪最贵的是什么——是人才。"了解了这一点，我们就应该知道，社会的最大变化是人的变化，社会变化的最终目的是追求人的发展，人在面对社会变化时最根本的是改变自己。由此可见，全部变化的秘密就在于：未来世界的所有变化都是围绕着人展开的。对企业而言，决定其是否能做长做久、做大做强的关键是人，其他的因素，如产品、品牌、价格、品质、技术、服务等，都是人的创造物，其单个的价值远不如人的价值，更不如人的集合——群体的价值。可见，企业的转型，必须紧紧围绕"人"这个主题，"企"无"人"则"止"。

● 文化的转型是习惯的转型

了解了变化的本质，接下来要做的就是如何去应对变化。"应"是反应、回应。如何应对？从自身出发去思考外部环境，从根本上说就是了解自己、掌握自己、改变自己。我们知道，人是生活在文化当中的，同时人也是文化的主体和载体。文化的存在才是人的真正的存在。如果人仅仅作为人而存在，没有文化的存在，人和动物是没有区别的。人一旦成其为人，就一定是在文化的支配下存在着。从这个意义上讲，我们了解自己、掌握自己、改变自己，就是了解、掌握和改变自己的文化；应对变化就是不断地改变自己的文化。在一个变化的世界里，除文化之外的一切转型都是暂时的、表象的转型，文化的转型才是根本的转型。

我们认为，文化就是习惯。文化决定命运，一个人或组织的习惯决定了这个人或组织的命运，决定了其有什么样的未来。习惯对我们意义重大，有着重要的影响。习惯能使个人和群体在无意识状态下，自动地呈现出某种思想观念和行为模式。所谓"习惯成自然"，就是说我们在习惯支配下做事，没有压力，如行云流水般；习惯作为一种"不假思索"的条件反射式的模式，能促使我们对外界的变化做出迅速的反应。需要注意的是，习惯的这两种功能都可能会产生正面的或负面的影响，这需要我们去加以运用和引导。此外，习惯还有另一个重要功能在于它形成了一个人或组织稳定的性格特征、价值观念、思维方式和行为模式，这一功能便于我们对人或组织的行为进行预见和把握。

既然文化是习惯，则文化的转型就可以理解为是习惯的转型。知道习惯对于个体生命和组织机体的意义，是我们利用习惯、改变习惯、创造习惯的前提。如何看待习惯？人们对"习惯"会有"江山易改，禀性难移"的认识，意思是说习惯一旦形成就很难改变。但是，我们要知道的是，难以改变不是说不可以改变，而是要花费大的力气、持久的耐心、坚韧的毅力去改变。人会习惯地、本能地反对变化。人的潜意识中的习惯力量，有着巨大的不可见的思想惯性、态度惯性和行为惯性，当人们发现现实与我们习惯了的情况有所不同时，人们会感到有压力、不舒服，人们的旧习惯会本能地做出反应，产生连他们自己都没意识到的抵抗力量。在这种情况下，如果我们还对习惯的改变持有"本性难移"的信念，即使可以改变的习惯也变得愈发不可改变了。当然，任何习惯的改变，都不能急功近利、操之过急。改变习惯，是对人耐心、决心、韧劲和毅力的大考验。我们既不能让固有习惯的思维方式和行为模式妨碍我们的应变成长，也不能让急躁破坏我们的梦想和心血。

恒源祥近百年的历程，经历了从零售到制造、从私营到国有、从字号到品牌、从单品到多品的转型，2005年又提出了从策略到战略的第五次转型。这五次转型尽管更多的是产品、经营模式、商业模式的转型，但其背后深层次的还是文化的转型、习惯的转型。正是这一次次的自我否定、自我超越为恒源祥明确提出文化转型奠定了坚实的基础，这些转型让恒源祥深刻明白了文化、习惯和命运之间的相互关系：文化不变，一切都不会变；习惯变了，命运就会发生改变。

要成为一个优秀的企业，必须具备优秀的文化；要成为一个长久的企业，必须具备能适应变化的基因。要形成好的文化，就是要不断吸收和保留好的习惯，淘汰不好的习惯，从而养成不断顺应好习惯、改变坏习惯的文化，并让这种文化成为恒源祥的基因，代代相传，而这正是成就百年、千年恒源祥的根基所在。恒源祥也已在联合体体系中展开全面的"文化转型"这一战略性、长期性的工作。

IV 以不变应万变，以万变求不变

变与不变

● **恒源祥的战略是什么**

要问一个对恒源祥发展有所了解的人：恒源祥的战略是什么？他的答案或许会脱口而出——品牌。这样作答对非恒源祥联合体成员而言可以算正确，但对联合体成员而言，只能算"只知其一，不知其二"。我曾经反复说过：恒源祥集团的工作简而言之只有一件，那就是打造品牌，打造被最广大的消费者乃至全球的消费者认识、认知、认同直至迷信的品牌（群）。2004年发布的《恒源祥联合体共同纲领》提出：品牌是恒源祥联合体最大的财富。恒源祥联合体几乎所有的成员都认同以品牌为核心的商业模式，并为此各司其职、分享价值。总之，恒源祥近百年特别是近20年来的发展已经让业界及联合体内部认识到恒源祥的生存发展得益于品牌战略,过去、现在和未来恒源祥联合体仍然将沿着品牌这一道路发展下去,这或许已经足以证明恒源祥的战略就是品牌。但在我看来,这在某种意义上只能算目标和路线,但不是战略。数年前,我提出过这样的观点:恒源祥的战略是实现这个目标过程中所做出的调整。正是因为这种认准目标后不断的调整、变化,让恒源祥冲破了外界和自身的障碍和局限,在残酷的品牌市场中立于不败之地。

● 恒源祥的品牌产业发展与转型

自1991年"恒源祥"品牌的第一斤毛线正式上市,恒源祥品牌运营的模式基本开始确立。1997年,恒源祥依靠品牌用了短短五年的时间成为世界上产销手编毛线最大的企业,但绒线产业所获得的利润无法支撑品牌发展,为此,公司决定恒源祥品牌从绒线这一单品向针织、服饰、家纺等产业延展——恒源祥经历了一次典型的战略转变的过程——从单品向多品的延伸。虽然还是走品牌发展之路,但究竟是用一种品牌还是不同的产业用不同的品牌?恒源祥面临着一个重大的战略抉择,这直接关联到之后品牌投入和产出的效率和效益。为解决这个棘手的问题,恒源祥做了大量的调查研究及论证工作。通过调查研究,报告最后为恒源祥提出了如下言简意赅的建议:"要打破绒线市场的格局和走出零售业的困局,向多角经营发展。借恒源祥的盛名缩短与消费者之间的距离,带动其他品牌向不同市场空间发展,以时间换取空间,恒源祥可以作为台柱角色,像电视、电影一样，带出其他新角色，当其他角色渐渐为大众接纳，成为主角，才让它们演自己的台戏。"这个建议成为当时恒源祥战略调整的核心，深深地影响着此后十多年恒源祥的发展模式及品牌表现。

恒源祥的产业发展赢得的局面正是这个战略设计的结果。但恒源祥是否能沿着这条道一劳永逸地走下去呢？不能。在2005年，恒源祥开始了新一轮的战略调整。当时，恒源祥多产业发展可谓"风调雨顺"，前景一片大好，但公司已经意识到，全球品牌的发展趋势、消费者需求的变化、财富转移的方式正发生着剧烈的变化，而与此相对应，恒源祥的品牌表现、产业对消费者身—心—神综合需求的满足程度、公司商业模式运营决定的财富转移的效率都存在着不小的危机，公司把这些危机总结为经营品牌能力的危机。

为此，公司号召联合体按照《恒源祥21世纪战略蓝图》提出的"核心专长""价值转移""共同演进"这十二字方针，在"品牌研究""商业模式""授权模式""文化导入"四个具体的方面进行转型。从2008年年底开始，公司又提出了加强第五次转型的力度，以"文化转型"和"提升品牌价值创造和品牌价值实现的能力"为核心，通过制度、组织和文化等三个维度的建设再次调整恒源祥的战略导向。

在这个调整的过程中，恒源祥在品牌产业发展的认识论和方法论的研发上都取得了突破性的进展。恒源祥提出了品牌产业发展的五个阶段：第一阶段，以产品为导向的产品战略；第二阶段，以产品为导向的产业战略，以产业为导向的产品战略；第三阶段，以产业产品为导向的品牌战略，以品牌为导向的产业产品战略；第四阶段，以品牌个性为导向的文化战略，以文化为导向的品牌个性战略；第五阶段，以文化为导向的文化战略。恒源祥还提出了品牌价值创造和品牌价值实现的循环法则，即发现文化现象——寻找文化资源——进行文化组合——开展文化设计——做好文化传播——实现文化认同——形成文化力量——构建文化价值。这些认识论和方法论引导着恒源祥联合体认清现状，把握方向，展开新一轮的变革和发展。

● 恒源祥的战略就是不断地"变"

通过恒源祥的发展历程，我们可以概括出恒源祥的战略就是不断地"变"，而且这种"变"的特点是：以不变应万变，以万变求不变。恒源祥不变的是对自然、社会发展之道的探索和遵循；对品牌化企业发展客观规律的追求和体现；对持续为社会创造价值的企业核心价值观的恪守和实践；对彻底地满足消费者生理、心理和品牌需求的创造和奋斗……而恒源祥变化的是随着对发展规律和趋势、对社会和消费者需求等持续深入的发现和认识，从而不断对恒源祥的文化习惯、商业模式、经营能力、产业结构等进行更领先、更彻底的调整和提升。

在未来，这种"变"和"不变"还将不断在互动中展开，这是恒源祥基业长青、做长做久的关键所在。但恒源祥联合体内有些成员对战略经常调整显得很不适应，造成发展跟不上品牌的"趟"。究其原因，或许是业界的通病，过去几十年，人们普遍形成了一个观点，认为战略是公司在外部环境中进行定位的计划，是一个既定的解决方案，精心筹划的战略一旦成熟并确定，随后就是长期的实施过程，公司要做的是长期捍卫一个既定的战略，不轻易改变。这种观点在全球的管理界流行了很长的时间，以至于顶级的商学院和咨询公司都越来越强调一开始就要确保战略的正确性，忽视了战略的需调整性。一批在市场中遭遇险境但迅速反应过来的优秀公司率先发出了警示的号角。

比如说，在20世纪90年代大部分的时间里，苹果公司固执地坚守生产差异化的高端个人电脑这一既定战略而不能自拔。到1997年，苹果电脑的股价降到10年来最低点，很多行家已经预言它的灭亡，但乔布斯重掌大权，力挽狂澜，将苹果带入到用Ipod、Iphone、Ipad等新产业、新产品改变世界的战略定位中。2010年5月26日，苹果市值超过微软，成为全球最有价值的技术公司，而这正得益于苹果及时的战略调整。

把战略当成需要认真贯彻、誓死捍卫的大政方针，这种想法本身就是危险的。全球化、技术创新、法规变革、人口结构变化、环境压力、消费者需求等因素让大多数行业的本质在迅速发生变化，所以，考虑得再周全、再清晰、再吸引人的战略都不足以长期指引公司前进，真正有效的战略不仅仅是一个计划、一个想法，更重要的是公司的一种生存方式，是指导公司长期发展的文化习惯。2009年访问过恒源祥的管理大师明茨伯格教授就把战略的制定、修正和执行过程看成是一个不断适应变化、不断学习乃至不断创新的过程，是一个动态的、持续的、无止境的过程。

变化之道

● 什么是变化的"道"

2007年春节过后的首个工作日，我曾为恒源祥的全体员工上了一堂情绪管理课。之所以上这堂课，是因为我觉得绝大多数的员工，特别是管理层受到市场的影响太多、太大了。例如，市场上某种款式的产品、某个颜色的包装好卖，就马上想着把自己的产品也换成这种样式的。大家的心绪就好像风中的旗幡，随着风飘来飘去。这种变不是我在前文中所倡导的变，是"一成不变"的另一个极端，是乱变，这让企业往往陷于竞争的"红海"之中不能自拔，最终招致灭顶之灾，因选用这种变化战略而失败的企业古今中外不胜枚举。

虽说真正的战略是变，变是战略的常态，但变不是瞎变、乱变，一定要在"道"上变。什么是变化的"道"？其实就是变化中的不变，万变不离其宗的"宗"。什么是恒源祥认为的"宗"呢？"宗"是对自然、社会发展之道的探索和遵循；对品牌化企业发展客观规律的追求和体现；对持续为社会创造价值的企业核心价值观的恪守和实践；对彻底地满足消费者生理、心理和品牌需求的创造和奋斗……简而言之，就是"顺天""应地""和人"。围绕着这些根本的转型和变化才是变在"正轨"上，才能让企业不断发展壮大，做长做久。

恒源祥能对企业战略"如何变""朝什么方向变"拥有较为深入的认识，不是一蹴而就的，也经历了一个从模糊到清晰的过程。恒源祥自20世纪90年代初将品牌确立为核心工作，但工作究竟如何展开需不断探索。最初的做法是围绕着"恒源祥"这一品牌的品牌战略展开的。在长期的规律探寻和实践中，恒源祥总结出《品牌的原理》，即品牌是消费者的记忆，消费者只能记住第一，不能记住第二，消费者是通过"五感"进行记忆。《品牌的原理》中还特别强调了消费者的需求有生理、心理和精神（品牌）三种，必须要以消费者的需求为品牌工作的起点和终点，经营产业侧重的不是产品的款式、颜色、质量等，而是消费者的选择。

● **企业战略转型要考虑人财物、身心神、天地人**

按照《品牌的原理》，恒源祥开展了一系列的工作。对外，五感品牌研发、赞助奥运、品牌CIS企业识别系统的调整等工作纷纷立项或者加大投入；对内，组织架构调整、产业延伸、网络拓展等工作也成为年度工作的重点。这些工作的开展，极大地推动了恒源祥品牌事业的发展，但从中我也看到了不少危机，特别是在品牌的表现上。在如何改变这件事上，我一开始把视线放在了恒源祥"商业模式"的考量上。

2006年12月中旬，恒源祥集团召开年度研讨会，专门设置了一个环节研讨什么是恒源祥的商业模式，最后得出一个结论：恒源祥的商业模式是"花钱"和"赚钱"——花钱是为了赚更多钱，赚钱是为了花更多的钱，恒源祥要在赚钱和花钱中求得企业的发展。当然，恒源祥赚钱和花钱围绕的是品牌，围绕的是品牌如何满足消费者的选择。这种对恒源祥商业模式的判断和解释固然简单易懂，但纵观市场上流行的商业模式又何尝不是各类利益相关者之间的利益交换，并且市场上的商业模式的更迭如同古人诗词中所说："江山代有才人出，各领风骚数百年。"只是大多数商业模式各领风骚的时间恐怕要去掉那个"百"字了。其中原委如何，只怕应了另一句古话："成也萧何，败也萧何。"

当下大多数的商业模式中的利益交换更多的是强调物质形态的交换——企业卖东西给消费者，于是太多太多的企业陷入同质化的竞争中。但有的企业开始变化。比如2008年汶川地震的时候，王老吉捐了一个亿，结果"王老吉"这个品牌响彻神州大地，消费者也因此将超市货架上的"王老吉"抢光了。消费者为什么这样做？不是因为自身的物质需求暴增，而是因为消费者认同"王老吉"支持抗震救灾反映出来的企业（品牌）所践行的价值观（文化），进而消费产品。这时交换的最大利益不是物质形态的，而是精神层面的。这种利益的交换方式使得王老吉品牌在消费者心中成为凉茶的第一选择。

从这个例子中我们不难发现，恒源祥如果还以传统商业模式为引导进行战略转变就已经落伍了，我们的转变不仅要考虑钱，还要考虑更多因素。我把需要考虑的分成三个层面：即人财物、身心神、天地人。人—财—物是传统的商业模式考虑的范畴，即让企业处理好与自身利益之间的关系；身—心—神则是让企业处理好与社会之间的关系；天—地—人是让企业处理好与自然之间的关系，只有考虑好、平衡好这三者之间的关系，企业的发展模式才能真正满足企业战略转型的需要，才能确保企业做长做久。

● **恒源祥的使命、精神和价值观**

美国知名学者詹姆斯·柯林斯在《基业长青》一书中，总结了美国18家基业长青的公司，他发现这18家公司中有17家公司主要为理念所驱动，而不是纯粹为利润目标所驱动。虽然它们追求利润，但这一目标并不主导一切，它们都以一种高于利润的核心理念作为宗旨，同时还追求更广泛、更有意义的理想。然而，令人诧异的是，这些讲究核心理念的公司总比那些纯粹以利润为目标和动力的公司赢利多。所以柯林斯认为，对于企业来说，利润是不可缺少的，但不是首要的。长寿的公司具有自己的核心价值观和超越利润的目的感，而且这种理念在很长的时间里一直相当固定。

无独有偶。2003年IBM公司进行了一场长达72小时的在线"价值观大讨论",要求公司近32万名员工反思以下几个问题:假如我们的公司今晚消失了,明天世界会有什么不同?我们的公司是否为这个世界做出了独一无二的贡献?

看来,让使命、宗旨、价值观等文化成为企业战略之轮的"轴心",使得公司成为一个有机整体,已经成为基业长青企业发展的秘诀。

恒源祥在2009年确立了恒源祥的使命、精神和价值观,一开始人们更多地认为这仅仅关乎企业文化,是"虚"的。通过前文的论述,我们可以感知到,这更关乎企业经营的长久,是"实实在在"的。恒源祥的使命、精神和价值观体现了恒源祥在人财物、身心神、天地人这三个层面上的平衡。恒源祥这个组织有了核心的使命、精神和价值观,战略的转型就有了依据,就不会乱变,就会变在"道"上。恒源祥人有了核心的使命、精神和价值观,经营思维才会有深度和宽度,而只有当恒源祥人有了这样的思维,恒源祥的发展才更具空间性和时间性。

®

- ◎ 文化不仅是营销的辅助、传播的方向，更是生存的基础。
- ◎ 品牌是一种记忆，打造好的品牌的过程就是建立认同的过程。
- ◎ 达到至诚的境界，人就自然可以预知事物未来的发展趋势。
- ◎ 古语有云："天予不取，反受其咎；时至不迎，反受其殃。"此话告诉我们需要抓住时机积极进取，否则，贻误时机后悔莫及。
- ◎ 这个世界是个"半成品"的世界，未来的游戏规则就是合作。
- ◎ 今天我们需要考虑的是如何发掘好历史、使用好历史，为后人记录好今天发生之事，并为未来留下取之不尽、用之不竭的历史资源。
- ◎ 掌握了习惯就掌握了命运，了解了习惯就了解了命运，改变了习惯就改变了命运。
- ◎ 一个理念、一件物品、一件事做到好看、好玩、好用，就能够让它立得住、传得开、留得下。
- ◎ "我们"强调的是一家人、是一伙儿的、是一个团队。当我们养成习惯，不再区分"你、我、他"的时候，我们才会有强大的力量。
- ◎ 不忘初心，主动寻找痛苦、磨难、挫折、挑战。

Chapter 6

品牌树根，文化立命

I 文化消费体验时代

● 消费者的文化需求将越来越显著

股神巴菲特有句名言：退潮后才知道谁在裸泳。这句话是他在1994年股东大会上说的，如今用在因为新型冠状病毒疫情全球暴发或消失、或蛰伏、或雄起的企业身上也十分恰当。新型冠状病毒疫情在某种意义上加速了时代趋势的进程、商业的迭代，例如数字化、智能化等。

未来加载这些技术将是企业运营的标配。技术让更多的信息不对称消失不见，还是巴菲特那句话的意思：一方面未来企业如有短板，短板将在市场和消费者面前更加藏无可藏；第二企业间如有产品或者服务的差距，消弭这些差距的速度将越来越快。

我曾经指出：产品的款式、颜色等不重要，重要的是消费者的选择。在未来完全数字化的社会中，更是如此，因为产品的表相太容易趋同。所以除了运用好科创，企业还有什么能拉开差距，增强消费者选择度的出路？我认为是在文化消费体验上。消费者的文化需求将越来越显著。

新型冠状病毒疫情暴发后，日本华人团体捐赠给武汉的物资上印有一些暖心的诗句，例如"山川异域，风月同天""岂曰无衣，与子同裳""青山一道同云雨，明月何曾是两乡"等，在国人的心中火了，引发了热议。大家觉得，日本华人团体赠送的不仅仅是口罩、防护服，更给人以文化的温暖、精神的支持。这些取自中国古典文学中的、意蕴深厚情感丰沛、画龙点睛的诗句让有限的物资其价值不止上了一个台阶。这件事还没有结束。热情的网友在盛赞之余，还倡议国内用中国传统诗词做回应。更有意思的是，中国随后向国外提供援助物质的时候，也跟上了这个节奏，更有所提升，例如，中国捐助意大利的防疫物资包装上不仅印有"相知无远近，万里尚为邻"，还有意大利歌剧《图兰朵》一段咏叹调的歌词和曲谱："消失吧，黑夜！黎明时我们将获胜！"而给非洲的物资上印的是曼德拉的名句，中文翻译用了中国《古今贤文》里耳熟能详的句子"人心齐，泰山移"，赢得了大家的广泛好评。

我认为，仅仅消费物质功能的时代已经翻篇。现如今，中国人均 GDP 已经超过 1 万美元，北上广深等一线城市人均 GDP 超过 2 万美元，不仅品牌消费时代到来，而且消费升级后，大家将文化消费体验看得越来越重。

2001年世界三大男高音歌唱家在故宫开演唱会，门票虽然很贵，但还是门庭若市。看完留下什么具体的东西没有？留下的是看不见、摸不着的文化体验。

如果那时这还算小众需求，那么这种需求发展到今天已然不是趋势，而是常态。随着热衷文化消费的中国中收入群体人数日益庞大，文化消费的群体也越发庞大，而且用于文化及娱乐的开支也逐年上升——2018年全国人均超过2200元，占比11.2%，在各类消费中排在第四，更体现出追求高品质化、个性化、定制化等趋势。

● 给予消费者文化消费体验的空间、时间和个性

原来企业拼物，未来肯定比文化。因此对企业而言，文化不仅是营销的辅助，传播的方向，更是生存的基础。这就是恒源祥近些年反复强调"用文化的方法经营品牌""品牌树根、文化立命"的重要原因——谁了解并掌握了文化，谁就了解并掌握了命运。谁不想有一个好的命运呢？

文化很重要，但了解和掌握文化却不像购买机器、厂房那么容易，需要长期的投入和积累，这也是为什么恒源祥从20世纪末开始就在文化研究上孜孜以求，并持之以恒坚持到今天的原因。

在《恒源祥21世纪战略蓝图》中，我们称其为能让消费者愉快的、难忘的经验——"恒源祥经验"。而且这将抓住消费者及合作伙伴的注意力，有力调动资源，构建生态圈，形成价值链，并最终赢

得社会效益和经济效益双丰收。

文化厚积是文化价值转换的先决条件。恒源祥品牌近百年的历程及 20 多年文化研究的沉淀，已经形成了恒源祥的文化特征和文化特色，并为文化转化提供了扎实的基础。我希望大家不断去了解它、熟悉它、利用它并转化它。令人欣喜的是，恒源祥集团上下正在不断实践，所有成员都紧跟脚步，以免错过这段"天时地利人和"的窗口期。它将成为我们每个人的领先之道，而非一时的追赶之计，确保组织、个人能生、能长（zhǎng）、能长（cháng）。

Ⅱ 赢得未来——以文化的状态存在

再谈成就文化状态

● 一个人、一个企业应该成就怎样的文化状态

　　同志们，我先来解释一下什么叫"亮剑"。古代剑客们在与对手狭路相逢时，无论对手有多么强大，就算对方是天下第一剑客，明知不敌，也要亮出自己的宝剑；即使倒在对手的剑下，也虽败犹荣，这就是亮剑精神！事实证明，一支具有优良传统的部队，往往具有培养英雄的土壤。英雄或是优秀军人的出现，往往是由集体形式出现，而不是由个体形式出现，理由很简单，他们受到同样传统的影响，养成了同样的性格和气质。……任何一支部队都有自己的传统，传统是什么，传统是一种性格，是一种气

质,这种传统和性格是由这支部队组建时首任军事首长的性格和气质决定的,他给这支部队注入了灵魂,从此,不管岁月流逝,人员更迭,这支部队灵魂永在!同志们,这是什么?这就是我们的军魂!

看到这段话,大家是否觉得眼熟?是的,它来自前些年热播的电视连续剧《亮剑》的主人公李云龙的一段演讲。这段视频每逢恒源祥集团开经理例会,都会在正式会议前播放。之所以让大家反复看,是因为想告诉大家:一个人、一个企业到底应该成就怎样的状态才能生、能长(zhǎng)、能长(cháng)。

众所周知,一个人的寿命很短暂,一个企业的寿命也不长,特别是中国的民营企业,平均只有几年的光景,但大家从内心都希望自己长长久久,甚至"长生不死"。如何破解这个难题?《亮剑》这段话给了我们启示:中国的军队之所以打不垮,不会因为创办者的逝世,组织就瓦解、散伙了,是因为"亮剑精神"这一军魂,只要这个军魂、这种文化状态还在,即便军队的首脑和成员不断更替,也不会影响这个组织的存在和影响力。作为一个组织,军队如此,企业也一样,关键在于是否成就一种文化状态。

在当今世界,美国就深谙成就"文化状态"的重要性。美国之所以成为一个世界超级大国,左右着全球的发展;掌控着联合国、世界货币基金组织、世界银行,还有诸多国际组织;掌控着世界货币——美元;掌控着硬通货——黄金……背后的原因在于近一二百年中,美国首先是在军事上获得绝对的领先,称作军事霸权;其次是在科技领域遥遥领先,大家会发现很多科学技术一开始诞生在欧洲,但是发展、成熟都会在美国;第三个是金融贸易霸权,大家都知道,中国经济总量达到了世界第二,但是我们的人民币在世界上的地位还很低,美元仍是世界结算货币;第四个是文化霸权,美国文化强大的力量,我们每个人或多或少都有切身的体会。随着时间的推移,文化的作用和影响力会越来越大。

● 传承被广泛记忆和认同的文化状态

文化对组织、对国家很重要,对我们每一个个体同样很重要。某年春节期间,中央电视台做一个群众调查,问大家的家风是什么。我觉得家风就是一个家庭文化状态的缩影。大家都承认自己的发展得益于家风的熏陶。所以我有时会和联合体的朋友们说:大家发财了,认为留给自己的后代一堆钱是很重要、很有价值的。但我想说,钱再多,也容易花完,所以传钱给子女虽然很简单,但不稳固。那传什么稳固呢?最好传一种文化的状态,一种被广泛记忆和认同的文化状态。

品牌可以是一种文化状态。品牌千千万,但不是每一个品牌都成就一种文化状态。恒源祥正走在成就一种文化状态的道路上。恒源祥要成就一种怎样的文化状态?

我曾归纳过,在2500年前,有三批伟人和哲人,分别行走在爱琴海边、黄河边、恒河边,分别思考着人与物、人与人、人与神之间的关系,并形成了三种不同的生活方式,这三种生活方式一直传承到今天，主导着人类当下发展的主流。我们都记住了那批伟人和哲人。当然，这三种生活方式形成了世界不同的价值取向，形成了世界的不平等；这三种生活方式的冲突也在一定程度上阻碍了人类的进一步发展。

从人类社会三种文化状态的影响力、生命力，我们可以得到启示：我们要做一个永久的品牌，建立持久的影响力，必须得站在人类的历史角度上去创造一种全新的生活方式。因为全球化的进程太快了，如果我们的品牌还是局限于某一个小的范围里，不能创造出一种全新的人类生活方式，那么过了2500年以后，谁还记得我们呢？

为了成就这样的文化状态，恒源祥正孜孜以求探索品牌和文化之间的关系。在我的心目中，恒源祥要成就的文化状态是有物、有人、有神的，三位一体的全新的生活方式。如果我们有能力，有意愿去努力，去创建这样一种生活方式，被人类社会所接受，我相信2500年以后的人们就会说：在2500年以前，在中国的黄浦江边，有那么一群人，他们在思考人与物、人与人、人与神综合的关系，营造了一种全新的生活方式，创造了我们今天这样美好的世界。

只要我们改变自己，我们就会找到这样一种生活方式，就会拥有改变世界的力量，就有成为历史一部分的可能！

中国的，还是世界的

● 观念要从自以为是向被他人认同转变

从历史上讲，恒源祥最早是以绒线起家，做的不是服装，后来基于经营品牌的核心能力，产业有所拓展，才有了服装产业。恒源祥的服装真正开始有较广泛的社会影响力，是源于2008年恒源祥为北京奥运会中国体育代表团、北京奥组委官员、裁判员设计、制作的礼仪服饰，这引发了社会广泛的关注和热烈的讨论，这套衣服还被网民戏称为"西红柿炒蛋"。后来，恒源祥又为2012年伦敦奥运会、2016年里约奥运会的中国体育代表团打造了礼仪服饰。

恒源祥在礼仪服饰方面非常专注与投入，一个原因在于履行好作为奥运赞助商、合作伙伴的光荣职责；另外一个重要的原因是在全球化的当下，中国作为一个很重要的国家，还没有一套能被全世界认同的、能代表中国人在正式场合穿着的礼仪服装，这是一件令人十分遗憾的事情。

礼仪服饰之所以十分重要，是因为它不仅是中国人被他人认识的重要符号，也是中国树立国家品牌形象的重要构成。根据我的分析，全世界的消费者建立对一个国家的印象和记忆，一般是先从使用这个国家推出的产品开始的。产品好，就会对这个国家有好的印象；反之，就是恶劣的印象。其次，通过人与人的接触，看到这个国家的人的穿着打扮、言行举止。人的外表形象肯定是最先给人留下印象的，特别是穿什么衣服，颜色、款式、纹样、制作……都在无声地诉说着"我是谁"，这些信号是十分直观的，能被人轻松感知的。

我希望有了这样一套衣服后，包括出席奥运会等国际重要的活动，中国人的礼仪服饰都是一致的，不要总是变来变去。

社会在这方面做了很多的探索，社会各阶层也有这方面的需求，但在探索的道路上存在着一些误区，所以当下我们要"从自以为是到被他人认同"。例如，服装三要素中的颜色，代表中国人的礼仪服饰究竟应该是什么颜色？有人说，当然是红色，因为有"中国红"这一说法；但也有人反对，认为应该是黄色或者其他颜色。这样的说法还是站在中国人自己的立场、认识、喜好上，未必是别人理解和认同的。也许外国人认为代表中国的颜色应该是青花瓷上的那种蓝色。因为到目前为止，还没有广泛的、系统的调研以表明全世界的人们对此的认识，所以还没有定论。恒源祥集团正在进行跨国家文化的研究，计划从各国的文化现象入手研究这些国家的文化个性是什么。恒源祥准备在这个大课题中预设一个小课题，专门研究各个国家喜欢的颜色和在世界人民心目中所属的颜色及其形成的原因。我相信这个研究可以更正我们很多"自以为是""似是而非"的观念和认识。

恒源祥集团的"彩羊"产业集团启动了"全球色彩发现之旅"的项目，正在积极从事这方面的探索工作，在全球感官品牌论坛的分论坛上举行了主题为"色彩感知中国"的研讨。也许几次论坛不能解答世界对中国的色彩印象究竟是什么，但我们思考问题的出发点已经发生了根本性的改变。

服装除了颜色，还有其他很多元素。因为中国的历史悠久，形成在这些方面可以被别人记住的元素有很多，到底哪些元素是应该被别人记住的？我们需要甄别，但关键还在于我们的观念要从自以为是向被他人认同转变。

● "中国的元素""当下的智慧"和"世界的认同"

恒源祥开展世界礼仪服饰的研究，其中包括推出代表当代中国的礼仪服饰，提出了需要秉承的三条基本原则，即"中国的元素""当下的智慧"和"世界的认同"。这不仅应该成为我们打造中国礼仪服饰的理念，更应该成为我们塑造中国国家品牌、中国产业和产品品牌的原则。这是因为这个世界充斥着不同地域、不同民族的人，他们对事物的认识必然是一个从陌生到熟悉的过程，经过这个过程产生喜好或者厌恶。无论是中国，还是中国的产品，如果我们想要在世界上被人尊重、喜爱的话，首先要被理解和认可，在此基础上，我们还要使中国的产品、中国的品牌、中国的文化成为他们生活中的一部分，只有让他们感知并运用了中国的产品、中国的文化的时候，中国才会有好的国家品牌、国民品牌、产业和产品品牌。

有没有既是中国文化所具备又能为全世界认同的东西呢？在中国的宗教信仰中，就有这个问题的答案。长期以来，很多人质疑中国有没有信仰，但我坚信中国是有信仰的，只是我们自己没有说清。中国最伟大、最优秀的信仰是什么，也许被我们自己忘记了。相较于世界的宗教，中国的信仰很特别。它不像其他宗教，信仰一个人或者一个神，而是老子所讲的"天人合一""道法自然"。我认为这样的信仰是有普遍意义的，这不仅是中国人血液里的东西，而且是能被全世界人们理解、认同，甚至信仰的。如果我们能让这个由中国人提出的精神成为一种人类真正所要追求的、永远的理想和目标，我想中国就会更好地被世界接受，中国的产品也就能更好地被全人类喜爱，世界也将因此而变得更加美好。

III 文化立命,事业永续

要文化体量,更要文化品质

● 文化体量是衡量一个国家影响力的重要指标

2013年8月我从法国文化考察回来之后,一直在思考一个问题,那就是文化体量。我发现,不管是对个人、对组织还是对国家,文化体量都是非常重要的一个衡量标准。不管是国家、企业还是个人,想要有未来,就必须成为一种文化状态。恒源祥联合体共同的未来,是我们要共同促使优秀的文化的形成并传承下去。那么如何来看待和评判文化状态呢?一个重要标准就是看这种文化状态达到了什么样的文化体量。

所谓文化体量,就是一种文化的影响力范围。很多时候,我们以为一个国家国土面积的大小决定着这个国家文化体量的大小,这是一种片面的认识。因为按照这种理解，俄罗斯、加拿大和中国的文化体量应该位居世界前列，但事实上并非如此。德国一位前总统曾说过："世界哪个地方有人会说德语，哪里就有德国的利益。"语言（文字）是文化最直接的载体，所以看一个国家的影响力和文化体量，比较直观的是看这个国家语言的覆盖区域和范围（包括人口、民族、国家的数量）。这就像法国的人口远远小于中国，但法国的文化体量却大于中国，原因在于法语作为仅次于英语的第二种世界性语言，覆盖范围很广，目前世界上以法语作为官方语言的国家，除法国自身外，还有欧洲、非洲、北美洲的很多国家和地区，法语的影响力要远大于汉语。

文化体量是衡量一个国家影响力的重要指标。文化是根植于人心的，文化体量越大，影响的范围就会越大；同时，文化体量越大，影响的时间也会越久。有人也许会问，文化体量和我们做品牌有什么关系？其实，这两者之间有着十分有趣的联系。

● **品牌的建设跟文化体量的建立一样**

我们常说，品牌是一种记忆。这里的品牌是一个中性词，有好的品牌，也有不好的品牌，好或者不好都跟记忆有关，好的记忆就是好的品牌，不好的记忆就是不好的品牌。什么是好的记忆呢？其实就是对你的认同，对你做的事、说的话，以及这些背后所代表的文化个性的认同。所以说，品牌是一种记忆，打造好品牌的过程就是建立认同的过程。消费者认同你了，就会产生购买行为；合作伙伴认同你了，就会毫不犹豫跟你走；员工认同你了，就会竭尽全力为你奉献。为什么加盟工厂和经销商愿意一心一意跟着恒源祥走？就是因为大家对恒源祥品牌的认同，当然，这其中也有对我个人的认同。所以，今天不管是品牌，还是管理者；不管是对内，还是对外，我们依然要强调认同，依然要去建立认同，也就是增大文化体量。恒源祥的文化体量大了，对恒源祥的认同越多，恒源祥就越有机会；恒源祥的文化体量大了，对恒源祥的认同越深，恒源祥就越能长久。恒源祥有机会了，能长久了，对认同恒源祥的人会带来持续的回报。

做品牌的过程，就是通过各种途径增加自己品牌的文化体量。做广告是一种方式，活动营销是一种方式，让品牌和其他的品牌建立关联也是一种方式，恒源祥之所以牵手奥运会和劳伦斯，恒爱行动之所以牵手中国少年儿童基金会，也是希望通过更好的资源平台和更高端的知名品牌来提升社会对恒源祥的记忆和认同度，这本身就是提升文化体量的过程。

所以说，品牌的建设跟文化体量的建立本质是一回事。文化体量大是因为认同的人数多，认同的范围广，认同的时间长。这就如同我们经常在讲，美国是休闲制造，英国是经典制造，德国是精密制造，法国是浪漫制造，日本是标准制造，俄罗斯是笨重制造，印度什么也不造。事实是否真如此，已经变得并不重要了，至少人们的认同是这样的，你就是这样的。

● **品牌的文化体量越大，品牌的价值就越大**

认同不仅是观念层面的，还会延伸到消费和利益层面。比如对法国浪漫文化的认同，就会产生购买法国香水的行为；对德国精密制造的认同，德国汽车就能卖出高价格。从这个角度看，文化体量不仅是一种认同，还是一种资产。以品牌为例，品牌的认同度越高，品牌的文化体量就越大；品牌的文化体量越大，品牌的价值就越大。世界上哪个地方有对你的品牌认同，哪里就有你的利益。在关于品牌带来财富转移的文章中，我曾经提到，2005年底世界银行发布了一份《国别财富报告》，这份报告根据2000年数据，分析了全球120个国家和地区的财富构成基础，结果发现越富庶的国家，有形资产所占比率越低，无形资产所占比率越高。为什么无形资产带来的财富要远远超过有形资产带来的财富？我的理解是，所有的无形资产构成了一个巨大的文化体量，而其中最核心的就是品牌和文化。

品牌是一种外在表现，文化是一种内在修为。品牌的背后是文化，不管是对品牌的认同，还是最终文化体量的形成，都离不开好的文化个性的养成，并让这种好的文化个性成为基因代代相传。一个人的生命总是有限，想让一个人拥有巨大的文化体量十分困难，也难于长久。个人无法做到，我们要依靠一个组织；一个组织无法做到，我们要依靠一个国家。当我们每一个人都能将自己好的文化个性凝聚沉淀成为恒源祥这个组织被人认同的文化基因，并代代相传，那么恒源祥的文化体量将会越来越大；当我们每一个人和每一个组织都能将自己好的文化个性凝聚沉淀成能被认同的中国国家的文化基因并代代相传,那么我们国家的文化体量也将越来越大。

明晰规律,掌握命运

● 关于"有"和"无"

得益于长期对品牌和文化相关课题的探究,我经常思考的一个问题是关于"有"和"无",我把其中的关系分为四个阶段——从有到有,从有到无,从无到有,从无到无。简而言之就是"有有""有无""无有"和"无无"。

如何理解其中之意?我先以人类发展的历程为例来解说。

一万年前,人类的祖先从树上来到地面上生存,在和自然的互动中,渐渐形成了人类最初的生存方式。在距今五六千年时,人类开始用最原始的文字记载自己的生活,人们的认识从"一"到"二",再到"三",以此推及万物。人类这个阶段可看成是"有有"。

大概在距今4500年左右,人类产生了一个从历史上讲非常伟大的发明——"零"。至于谁发明了"零",各地争论不休,可以说至今还是个谜。我去墨西哥的时候,墨西哥人说是玛雅人发明的;我去印度的时候,印度人说是其祖先发明的;当然,还有学者认为它是古巴比伦文明的产物。在我看来,可能在不同的文明中,都发明了"零",只是那时全世界几乎不存在不同文明之间的交流,所以造成如今各执一词,但都能自圆其说。"零"的发明是人类社会一次大的飞跃、大的进步,它让人类知道社会不仅是"有",在有形的社会背后还有一样东西,那就是"无"。

又经过两千年左右的时间,就是距今 2500 年前后,人类社会又迎来了一次发展。当时人类已经创造出了很多的工具,对大自然中存在的事物可以进行人为的再生、再造。在那个时期,世界的东西方、不同的地区诞生了不同类型的伟人和哲人,其中一位就是中国的老子,他在被世人认可的、伟大的著作《道德经》中,鲜明地提出了"无"的概念。几乎同时期,印度的先哲们,由于生存资源丰富,以致他们更讲求人与神的关系,进而强调"空"。简而言之,人类这段时期是"有无"阶段——西方传承了"有",中国传承了"无",印度传承了"空"。

公元 16 世纪前后,欧洲出现了文艺复兴,诞生了一个伟大的概念——"等于"。不是"1+1=2"的"等于",我把它理解为将"有"和"无"等同起来,因而可以"无中生有"。因为文艺复兴带来了一段科学与艺术的大爆发,期间创新的案例不胜枚举,这是人类"无有"的阶段。

20 世纪初,爱因斯坦发现了相对论。他给我们的启示是每一个言辞都是相对应的,这让我感受到中国古人提出的太极、阴阳的概念,这一概念正在被全球越来越多的人所接受。

● 未来人类将进入"无无"阶段

未来的两千年,人类会发明和发现什么?我认为,未来人类将进入"无无"阶段。"无无"的阶段究竟是怎样的状态?这是恒源祥文化课题所要研究的内容,即"我们将到哪里去?如何去?"

宏观的人类历史是如此,微观的恒源祥发展史如何呢?我发现,它也遵循这样的发展规律,历经这样的发展过程。

1927年,创始人沈莱舟先生以各方面的准备为基础,创办了恒源祥字号。经过近30年的努力,恒源祥产销体系有7家工厂、3家店铺。这是恒源祥的第一个30年,打造了恒源祥的绒线产业。1955年11月,恒源祥响应国家号召,率先参加了公私合营。在《大公报》刊登了一张上海绒线行业代表游行的照片:众人举着横幅、打着彩旗,从金陵东路走向了市政府,去报喜——参加了公私合营。公私合营以后,恒源祥产销体系或被划转,或被分解,或被更名,90%的厂和店先后消失在历史的长河中,硕果仅存的只有恒源祥绒线商店,而它在1955年到1987年的30多年也如同沉睡一般,没有取得发展,这是恒源祥发展的第二个30年。这里,我们可以清晰地看到恒源祥的前两个30年,经历了"有有""有无"两个阶段。

公私合营以后,恒源祥原有的9个单位都没了,照理绒线商店应该也不存在了,但是为什么没有消失呢?是因为我们选择了品牌的道路,把"恒源祥"字号这个无形资产变成了品牌,并以品牌为核心,凝聚起社会各方的力量——工厂、经销商、零售商、商场;国有的、集体的、中外合资的、个人的;大商场、针织站、批发部、个体户，等等。我们彼此依靠、共同发展，经过又一个30年，我们用实际的影响力让"品牌树根"的理念得到了恒源祥联合体，以及社会各界的认可。品牌是无形的，但无形的品牌支撑起了恒源祥联合体产业的发展壮大。这个30年，我们可以清晰地感受到了"无有"阶段的神奇力量。

在2017年恒源祥90周年的大会上，我提出恒源祥第四个30年是"文化立命"。我知道发展的规律已然到了"无无"的阶段。品牌是无形，文化也是无形，因此在"无无"的阶段，我们要紧紧抓住"文化"这一关键，用文化的方法做品牌，并从过去的不知不觉用文化做品牌到自动自觉用文化做品牌，最好能做到先知先觉，这也是我们研究文化课题的初衷所在。我们努力再用30年的时间来完成这样的任务——在让恒源祥能生、能长（zhǎng）、能（cháng）的同时，履行好恒源祥的企业社会责任与使命——推动人类社会进步和发展，成为历史一部分。

IV 从"知"到"道"

● 品牌发展的"知"与"道"

首先是"知道"。很多年前,我曾经提出:经营品牌是一个过程,因为消费者对品牌的记忆是一个过程,这个过程包括认识、认知、认可,到迷信,也就是信仰。如果说人也是品牌的话,同样也会经历相同的过程:认识一个人、认知一个人、认可一个人,直到迷信(信仰)一个人。

道理早已经给出,都是公开、公平和公正的,但为什么大家取得的成果却有很大的差异呢?关键在"知道"。

"知道"其实应该分成几个步骤,前面的"知"是从知识到知到,"到达"的"到";到知道,"道路"的"道";再到知觉,"觉悟"的"觉";再到知悟,"悟性"的"悟",这是一个个完整的过程。

恒源祥的发展历程基本也遵循着这个过程。20世纪80年代末、90年代初的时候我们选择做品牌,并且是用文化的方法做品牌,这是在不知不觉、不知道怎么回事，偶然当中选择的道路。假说 30 多年前恒源祥没有选择走品牌的道路，即便其他所有的事情我们全都做了，还是不会有今天的局面。我们可以从很多新老企业的兴衰中证明这一点。这里就不再赘述了。

我们在经营品牌的过程中尝到了甜头，在不知不觉中有点"知道"了，所以我们选择坚持。做品牌虽然有甜头，但是经营的难度却越来越高，所以我们又确立了一个新战略：开始研究品牌是什么，如何做品牌。那段时间，我们总结出"品牌的原理"，可以称之为对品牌的认识论。接着又总结出品牌价值创造和品牌价值实现的循环法则，我们可以称之为品牌的方法论。在这个阶段，我们越来越明确自己的道路，这便是知"道"。

随后，我们又确定了"品牌的背后是文化"的观点，继而决定研究文化是什么，文化从哪里来。这是知觉的表现——既然已经知道当时是在不知不觉中尝到了甜头，也坚定了所选择的道路，那么当下和未来就应该避免原来的不知不觉，应该做到有所觉悟，甚至做到先知先觉，对未来做准确的预判，并指导当下的行动。

● 从"知道"到"知悟"

其次是"知悟"。今天恒源祥的"知道"已经到了什么程度呢？我觉得大概是"知悟"的阶段。例如恒源祥 2003 年在上海大剧院举行的大会就提出了"心时代"的观点。我想大概在中国企业当中，讲"心时代"这个概念的，恒源祥是比较早的品牌之一，甚至是最早的之一。关于心时代的演变过程，包括身——物质时代，心——情感、艺术时代，未来是神——精神、思想时代。

人类社会目前进入了心时代，就是情感艺术时代，人们将会为满足自身这些方面的需求而买单。如果我们有本事满足大家这些需求，我们就可以更好地生存，这要归功于已经有的先知先觉的概念。因此我们做产品要追求满足消费者需求的艺术化，当然还可以反过来，将艺术产品化，恒源祥已经在这些方面开展很多的探索。例如恒源祥和中国纺织工业联合会共同推进、组织了中国纺织艺术展，和中国纺织工业联合会签订为期十年的战略合作协议。恒源祥的目标是把中国纺织艺术展逐步做成中国纺织艺术博览会，之后发展成为中国艺术纺织博览会，最终还要走向国际；计划用十年的时间来推进这个进程，广泛与社会进行业内和跨界的互动和合作。在这个过程中有很多的机会。

● 思想的联网

此外，当人们从物质时代走向心理情感时代、走向艺术时代的时，人类社会已经逐渐把一切都变成了数字，也就是我们今天讲的大数据。大数据不仅仅包括人们的消费数据，还指每一个人所有的一言一行都已经数字化，变成了数据，将来这些数据会影响到我们的一生，这也是我们在探索文化过程当中常常提及的观点：文化是习惯。你的习惯都成为数据，一旦成为数据，也就意味着将会永远载入历史。

大数据现在又通过互联网、物联网等进行全面的互通，未来可能还有人联网，或者称心联网。到神时代的时候可能还有神联网——思想的联网，不仅是一个人外在信息的联网，更是人与人之间、心与心之间、思想和思想之间的联网。随着各种网络的诞生和互联，未来我们每个人的差异和个性将得到充分的体现和跨界链接。

整个人类社会已经变成了一个大世界里的一个小村庄。未来我们会去和哪些物、哪些人、哪些思想去联动有太多的可能。我们只是一个零部件，连接的多寡和价值的多少可能决定了我们存在的价值和意义。

《中庸》告诉我们："至诚之道，可以前知。"意思是说：达到至诚的境界，人就自然可以预知事物未来的发展趋势。所以我们必须真心诚意，成为先知先觉的探索者，先知先觉的开拓者，只有在这样的状态下，我们才会有未来，未来才可能属于我们。

V 情感"心时代"

● 人性的表达有三种不同的形式：身、心、神

要获取发展和成功，关键在于具备优秀的文化习惯。这是我们为什么去探索文化课题的原因。文化是什么？文化是习惯。那文化、习惯从哪里来？我们提出文化习惯来自天、地、人、信仰和制度五个方面。经过研究，我认为：来自天性和地性的影响构成了人的自然属性，叫自然习惯；来自信仰和制度的影响形成了人的社会属性，叫社会习惯。自然属性（自然习惯）和社会属性（社会习惯）会影响人性。

在人性的表达上，我们可以看出三种不同的形式：身、心、神。分属于身体的、心灵的和精神世界的。其实它们对应的也就是自然属性、社会属性和人性三个部分。

我们的古人先哲，特别是在老子、孔子、庄子所处的诸子百家时代的先哲，在思考人与人关系的时候，已经认识到了人的不同文

化习惯的表现和来源，并有所表述。他们认为第一个来源叫作"生而知之"，人生出来就知道的东西，我把它归纳于"身"这个范畴，包括生命和身体；第二个来源叫作"学而知之"，通过后天的学习而获得，我把它归纳于"心"和"情"这个范畴；第三个来源叫作"悟而知之"，借助于精神的力量所获取的智慧，我把它归纳于"神"这个范畴。

● 身时代、心时代、神时代

在自然界和社会，与身心神对应有三种不同的时代，即身时代、心时代、神时代。

首先是身时代。在这个时代里，人类注重对自然、对自身物质生命的探索和认知。这些成果我们可以简单归结为对碳基生命的认识。碳基生命是指以碳元素为有机物质基础的生物，主要由碳、氢、氧、氮、磷、硫等元素组成。人类及地球上已知的生物都属于碳基生命。目前也有科学家提出硅基生命的猜想。硅基生命就是科学家设想的以硅为有机质基础的生物。在构成碳基生物的氨基酸中，连接氨基和羧基的是碳元素，而硅基生命用来连接两者的则是硅元素。在很多科幻小说与电影中，人类如果想获得长生不老的生命形态，就需要脱离以碳为主要元素的现有载体。我们目前使用的电脑，就是用硅作为芯片的，如果这个电脑再高级一些，发展成为智能电脑，那可能就是硅基生命了。而未来的网络世界，或许将是硅基世界。

这种设想也引出了第二个时代——情感心时代。

我们正在进入心时代。在心时代，我们看到的生命体的表现可能会融合AR（增强现实技术）、人工智能，以及目前还不存在的内容，是一个人的生命体和由人创造的、不是大自然形成的生命体交融在一起的状态。"他"能看见，能触摸，也能感受。

第三个时代是神时代。今天看来，这个时代属于看不见、摸不着的状态，属于精神领域，是跟上帝、跟神在一起的时代。22世纪应该是神时代。

● 成为心时代和神时代的领先者、领导者，甚至领袖

目前，人们已经从物质匮乏进入到物质极大丰富的时代，这意味着心时代的来临，表现为人类社会开始为满足心理、情感、艺术需求去支付越来越多的费用。在这个时代里，谁有能力去充分满足人们这部分的需求——不管是一个人，一个公司或一个组织，还是一个地区或一个国家——谁就会过得比别人好，会对这个世界做出更富意义的贡献。

具体来看我们中国。中国处在世界的中纬度地区，有着丰富和复杂的地形地貌，这些涵养了中国人对情感艺术的体会、理解和表现是最充分和发达的，这也可以说是我们天生的基因、基础和机会。但是我们能不能把握住这些天赋和机会，对社会、对人类做出我们在情感心时代的贡献呢？

作为中国的一分子，恒源祥也具备这样的禀赋和机遇。我们应该如何给出答卷？是错失良机，还是扬长避短，有所作为？

我们不仅要思考当下的心时代,还要思考未来的神时代! 22 世纪其实不远,未来的作为需要我们今天的准备——我们需要"修炼"自身的精神力量,构建自身的精神世界。

为此,我曾前往梵蒂冈,拜访这个世界离上帝最近的人——天主教的教宗方济各。很重要的一个原因就是通过他,在更高的层面去了解精神时代和精神世界里的相关内容,使我们到了 22 世纪的神时代,还能为他人、为社会、为全人类继续服务、做贡献,以此让个人和组织能长(zhǎng)、能长(cháng)。

恒源祥已经做出规划,所有恒源祥人都在为心时代和未来的神时代进行积极的探索、转型和提升,以期恒源祥成为心时代和神时代的领先者、领导者,甚至领袖。

有人会说:神时代,我们的生命体早已不存在了,但也许我们的思想或者精神会以另外的形式存在,持续连接未来的神时代。

VI 文化是品牌基业长青的根本

● 未来的生意在哪里

很多年前,我曾在微信朋友圈里转发过一条微信《国务院重磅利好消息,文化产业将是未来的霸主》。微信里有多段官方媒体的视频报道,总体显示出文化产业政策利好消息不断,以下两则尤为重磅。

一条是国务院印发《关于加快发展对外文化贸易的意见》[①](简称《意见》),强化加快发展对外文化贸易,推动文化产品和服务出口。《意见》提出,要统筹国际国内两个市场、两种资源,加强政策引导,优化市场环境,壮大市场主体,改善贸易结构,在更大范围、更广领域和更高层次上参与国际文化合作和竞争,把更多具有中国特色的优秀文化产品推向世界。《意见》强调了坚持"统筹发展、政

---

① 2014年5月4日国务院颁发。

策引导、企业主体、市场运作"的基本原则，明确了到2020年的发展目标，从四个方面提出了扶持对外文化贸易发展的政策措施：一是鼓励各种所有制文化企业从事对外文化贸易业务，并享受同等待遇，明确了支持企业加强内容创新、拓展出口平台和渠道、开展技术创新等重点方向；二是加大财税支持力度，明确对国家重点鼓励的文化产品和服务出口实行增值税零税率或免税，同时提出文化企业也可享受服务外包企业相关税收优惠政策；三是从信贷、债券、保险、担保、外汇管理等方面加大金融支持力度；四是明确为文化企业出口提供通关便利，减少行政审批，简化因公出境审批手续。加强知识产权保护，为文化企业开拓海外市场提供公共信息服务，加强人才培养，建立健全中介组织。

一条是《国务院定调文化产业融合发展措施》[①]，国务院在常务会议时指出依靠创新，推进文化创意和设计服务等新型高端服务业发展，促进与相关产业深度融合是调整经济结构的重要内容。国务院正式推出《关于推进文化创意和设计服务与相关产业融合发展的若干意见》这项政策措施。

相对于国家政策的大力倡导，中国的文化产业的滞后显而易见，其中根子还在于在此之前的30年的经济腾飞，使中国摆脱了一个多世纪以来西方强加在我们身上的耻辱，然而在奔跑着追赶西方的路上，我们也时常察觉和叹息：一些原本属于我们的珍贵的东西，不知什么时候被丢掉了，甚至已不能清楚描绘它的本来面貌。这种

---

① 国发[2014]10号。

东西就叫作中国传统文化。所谓"皮之不存,毛将焉附",丢掉了中国传统文化,中国的文化产业更难有所作为。

文化产业为什么将是未来的霸主?除了教化人民的作用外,它真能赚钱? 20世纪后20年中国经济高速发展,几乎做什么行业都赚钱。相信恒源祥联合体的成员们都有这样的感觉,无论生产什么样的产品,一到市场都能卖出去,所以大家很快发家致富。但中国的经济经历了高速发展之后,经济发展速度开始适度放缓,特别是低端高耗能产业,已经面临严重的产能过胜,各个行业都面临转型升级需求,低水平的发展模式,想赚大钱、赚快钱已非易事。恒源祥的成员们在深感市场难做的同时,也越来越意识到品牌的作用——消费者需求的升级要求品牌,并要求品牌能提供更多、更好的非功能性的体验,以满足自身情感、精神的需求。

● 文化事业的含金量超出了人们的预想

因人们对于精神的需求,我们可以感悟到文化产业的发展空间异常广大,国内外大量案例也证明了文化产业的含金量超出了人们的预想。

先来看看邻国韩国发展的启示。

1998年亚洲金融风暴后,韩国正式提出了"文化立国"的救国方针,首先确立了一系列文化产业发展战略和中长期发展计划,并相应推出一系列重大政策措施来推动文化产业发展。其次，积极进行文化输出，主打国际市场。事实证明，文化产业的价值是巨大的：韩国文化产业出口每增加100美元，就能使韩国商品出口增加412美元。伴随韩剧等文化产品席卷全球，各国对韩国产品的好感上升，增加了手机等其他韩国商品的销量。虽然在制造业上韩国失去了优势，但是文化产业上的收益比工业产品超出10倍。这便是韩国在转型发展中，仍能保持高速发展的真正原因。

大家可能认为国家文化产业战略离我们太遥远，我们再来看看一个熟悉的组织——台北"故宫博物院"，他们如何掘金文化产业。据不完全统计，台北"故宫"2013年推出"朕知道了"胶带纸和"翠玉白菜"伞等多种文化创意产品，仅2013年的销售收入就将近9亿元新台币，这一数字直逼10亿元新台币的门票收入。文化创意产品已成为台北"故宫"重要的收入来源。那个时候在大陆，大多数博物馆产业发展模式比较单一，过度依赖门票收入，门票一涨再涨；有些博物馆即使有纪念品售卖，也都普遍存在"一千个景点共享一千个旅游纪念品"的现象，不但缺乏富有文化意蕴的创意，而且很多还都是粗制滥造的"三无产品"。

我们所处的纺织服装行业情况也与上述情况雷同。大家的经营策略同样过度依赖产品价格。随着生产经营成本的不断提高，商家只有提高价格才能生存，但又怕打不赢和同行的"价格战"而陷入两难，这一困局的关键在于我们的产业同质化太严重，甚至还有粗制滥造的，越来越无法满足消费者对于品质化、差异化、情感化、审美化等方面的需求，卖不出货也卖不高价也就在情理之中了。

对恒源祥联合体产销体系的成员而言，也面临着巨大的转型压力，如何找到下一个掘金点？到底转向哪里？如何转型？我希望大家坚持走品牌之路，坚持将自身的纺织服装产业同文化创意产业紧密结合，某种意义上说就是将纺织服装作为文化的一种载体，融入恒源祥集团所积聚的文化元素，生产有故事、有意味的产品；告诉消费者：你买的东西不仅能用，更有深厚的文化在其中。这样做不仅能卖出更好的价格，还能持续获得消费者的钟爱。

古语有云："天予不取，反受其咎；时至不迎，反受其殃。"此话告诉我们需要抓住时机积极进取，否则，贻误时机后悔莫及。恒源祥自创立以来，文化气质就是深耕于中国传统文化又兼容并包世界优秀的文化，在恒源祥长久的历程中，我们积累了大量的文化元素，我相信我们比同行更有可能将品牌的生意做成文化——通过文化来创造产品的价值，这是未来我们的财富所在和基业长青的根本。

Ⅶ 需要未来，知道未来，创造未来

● 我们需要年轻，需要永葆青春

"我"老了，所以"我"挂着拐杖走上来，因为"我"已经90多岁了。所有人见到90多岁的老人，都认为他是长者，很敬畏。但人还有一种心态就是不愿意自己一天天老去。我们需要年轻，需要永葆青春，而且不仅仅希望自己的身心年轻，还希望自己的企业永远充满活力、永远年轻。

公司和人一样，恒源祥虽然已经90多岁，但它也会返老还童。返老还童的前提，首先是不能依仗我们拥有悠久的历史，不能依仗我们过去取得的成绩，总之不能倚老卖老，否则我们真的会很快变老。其次，每个人心中都有根无形的"拐杖"，有了它的依托、依靠、依赖，让你感觉可以"走"得稳一点、安全一点。我想告诉大家：当你有了这些依托、依靠、依赖的时候，你就不可能会用竭尽所能的、充满活力的状态去创造自己更美好的未来。所以我建议，不管你手中有没有，不管你心中有没有，不管社会上有没有，希望大家把它扔了，我们要重新开始年轻。

保持永远年轻的第三点，也是最重要的一点，就是要看到未来。

可在现实中我们不太容易看到未来，如果我们没有看到未来，就几乎不可能拥有未来。

今天我们每个人都在讲"互联网+"，感觉只要你加上互联网就可以成功，感觉它就是我们的未来。这有道理，但它只是一部分。我曾讲过，假设我们现在没有品牌，我们的羊毛衫加上互联网、床品加上互联网、毛线加上互联网，有没有用呢？肯定没有用。因为市场上有太多的毛衣、太多的床品、太多的毛线……太多太多相同的商品。所以我们的未来是如何让互联网加入我们的品牌。

● 品牌是我们的过去、现在和未来

品牌是每个恒源祥联合体成员最核心的资产。我很早以前就讲过，但我还是要强调一下——恒源祥这个品牌属于谁的？它一方面是属于消费者的，消费者是我们最大的利益相关者；另一方面也是属于所有恒源祥联合体成员所有的，因为我们是一家人，是一个整体。我们平常讲恒源祥联合体里的某某人、某某企业的产品出现了质量问题，某某人、某某企业做了假冒的产品，好像这个人、这个企业和自己就没有关系一样。其实他们和恒源祥的所有人全都有关系——一旦品牌倒下了，恒源祥的体系不复存在的同时，大家赖以生存的核心资产也就烟消云散了。所以大家一定要非常清醒地认识

到这点，一起来维护好品牌。

品牌是我们的过去、现在和未来。在维护好品牌基本安全的基础上，我们还要不断提升品牌，使之成为一种文化状态。

这些年我走了不少国家，参观了大概不少于30家世界顶尖的组织机构和公司，通过了解、学习希望能对整个世界的发展趋势有更深的理解，当然最关键的是看到未来。参观学习之后，总体的感觉包括：世界的变化越来越快，而且这种变化速度已经让绝大多数的人很难预测未来。对中国而言：工业革命来的时候，中国没有遇上，所以中国经济大幅度下滑，中国在世界的地位相应也大幅度地下降；电气革命时代，我们也没有很好地赶上；信息化革命我们赶上了一点，但是我们离世界先进水平还有差距。中国的未来在哪里？如果国家的未来都不清晰，我们每个人的未来呢？通过学习和思考，我看到了文化的价值。这些年，我也在和多个领域——既有搞研究、搞经济、搞金融，也有搞军事、搞实业的顶尖人物、专家学者探讨一个问题：企业讲的竞争，放大到社会来讲就是战争。

当今世界的格局，打仗谁怕谁？打仗有没有绝对的输赢呢？没有。即使有输赢也是暂时的。我们常说以后最大的战争是文化的战争，文化战争是终极战争，因此，未来，无论人、组织、企业，还是国家、民族，最终一定是靠文化。但我感觉到唯有把自己的文化建设好了，别人认同了你的文化，才可以赢得真正的胜利、最终的胜利——可以在这个社会当中永存下去，因为文化的载体是人，要消灭一种文化，只能消灭拥有这种文化的人。

● 未来的游戏规则就是合作

为什么要以建立被别人认同的文化作为根本呢？因为这个世界是个"半成品"的世界，未来的游戏规则就是合作。恒源祥该具备的好的合作要有两个标准，第一，我们和谁合作；第二，我们应该不断提升自身的文化和能力。

关于第一个"和谁合作"的问题，我们要清楚自己今天不管从事什么工作，我们都是"半成品"，都是零部件。如果你是零部件，你要了解其他的零部件在哪里；如果你是零部件，还要了解你是放在哪个半成品上面的，这个半成品在哪里，半成品后面的成品是什么，成品在哪里，还要知道他们是不是第一。和谁合作的标准其实很简单，就是"第一"。

关于第二点，提升自身文化和能力的标准也是第一：你选用的原料是第一吗？你的管理是第一吗？你的员工是第一吗？你的能力是第一吗？你的思想观念是第一的吗？……你是不是都是第一或者在成为第一的状态里面。当两个第一在一起的时候，就能够成就更多的第一，真正形成一个伟大的产品，去创造我们未来的世界，这就是我们要形成的文化。

● 恒源祥的创新和创业不是简单地知道未来，而是创造未来

纵观恒源祥的历史，从沈莱舟先生创立恒源祥以来，我们经过了五次转型，经历了政权更迭、产业兴衰、市场转化，可谓风雨兼

程，但在风起云涌的时代大潮中，恒源祥为什么屹立而不倒？这是因为我们文化中有创新和创业的精神！如果我们没有这样的文化，而是因循守旧，就根本无法走到今天。

恒源祥创新、创业有什么特点呢？我觉得是"让别人看不懂"，因为我们的创新跟人家不一样，所以别人就很难理解，社会上就存在比较多的争议。但所幸的是恒源祥联合体的成员们能理解、不怀疑、都支持，齐心协力走到今天。我想强调：过去，恒源祥的创新和创业不是简单地知道未来，是创造未来；现在，恒源祥的创新和创业还要坚持不是简单地知道未来，而是创造未来！

因为在当今社会高速发展的状态下，简单地知道未来，只是被玩而玩，被发展而发展，这是物质世界的最高境界；赶上未来，与未来同步，是自玩而玩（自己想玩了而玩），这是情感心理世界的最高境界；而创造未来是不玩而玩，是精神世界的最高境界。所以我们不能满足于猜测未来、知道未来、走向未来或者和未来同步，而是要创造未来！

文化是永生的，但是它又时刻在变化着，只有当我们让自身的文化变得越来越好，让我们的行为及所打造的产业、产品被所有人接受的时候，那我们的文化才能永存！我们的品牌才会万岁！我们才能永远年轻！

VIII　唯有历史不可复制

发掘历史，创造历史

● 唯有历史无法复制

上海电视台的领导一行曾到恒源祥访问，我给来宾们看了恒源祥年度十大新闻。他们看后，十分有感触，说："我们是搞电视的，但电视台还没有反映自己年度工作成果的纪录片。"

大家都知道，恒源祥的年度十大新闻从2001年就开始评选了，至今已有20多年。每年的内容都越来越丰富。除了十大新闻的视频，1994年我们创办了公司品牌相关的报纸《恒源祥报》；1999年开始，我们又把报纸改成了全彩的杂志《创导》。即便今天翻看早期十大新闻和报纸、杂志，我们也不会觉得过时，还感到很精彩。如果100年后的人们看呢？他们会有什么感觉？这些内容会有什么意义？

　　这让我想起自己刚刚来恒源祥绒线商店当经理时，因很想了解恒源祥的历史，于是发动各方寻找资料。当我第一次看到恒源祥的创始人沈莱舟老先生在中华人民共和国成立前出的绒线编结书，上面有当时上海滩最红的电影明星、戏剧明星穿着用恒源祥绒线编结的衣服的照片时，心里无比激动。那可是半个多世纪前的东西，有太多珍贵的事物都湮灭在历史长河中，消失得无影无踪，但沈老先生有心作为，给我们留下了这段精彩历史的影像及实物，且随着时间的流逝这笔财富将变得弥足珍贵。

　　恒源祥作为北京2022年冬奥会和冬残奥会的赞助商曾拜访冬奥组委相关部门，探讨结合恒源祥的文化和公益资源，如何开展好奥运的传播项目。当时有个细节，我们展示了那批老的绒线编结书上一件动感十足的滑雪纹样的手编毛衣，而且还是周璇做模特。与会的奥组委官员都十分震撼和感叹，他们从没有在其他的赞助商那里看到如此有历史感、艺术感又符合奥运文化的内容。

　　至此，大家应该可以感受到，我经常说的"唯有历史无法复制"所包含的力量！感谢前人为我们留下的遗产，如果我们今天再去创造这些价值，先不说是否有可能，即使有可能，其成本之高也是可想而知的。我们从中央电视台的广告、奥运会的赞助门槛诸如此类的案例中，就可以感受到，资源越早创造，成本越低。此外，与恒源祥相关的历史资源有着很强的差异性和排他性，其他品牌是望尘莫及的。

● **发掘好历史，使用好历史**

与我们相关的历史，其价值毋庸置疑，我们需要考虑的是如何发掘好历史，使用好历史，为后人记录好今天发生之事，为未来留下取之不尽、用之不竭的历史资源。这是我一以贯之的一项工作。

例如，从我到恒源祥的那一天至今，都十分注意收集恒源祥的史料和实物（特别是我来恒源祥之前的）。我还在集团一楼的品牌文化展示厅里特别开辟了专厅陈列这些物品。除了报纸和杂志，在20世纪90年代中后期公司就开始用视频的方式记录恒源祥的发展历程；2001年开始有年度十大新闻；2010年开始，每年编撰《社会责任报告》；近些年还编辑过集团的年鉴和财报。

这些工作不仅要持续做下去，还要投入更多的资源做得更好。首先，继续加强对恒源祥史料的收集、整理、解读和呈现。我认为在恒源祥近百年的历程中，还有很多历史空白等着我们去填补。我们不仅要记录恒源祥，还要记录同步的时代，并把相关的内容联系起来。

其次，在记录好当下工作的同时，兼顾接续以前的历史，把过去、现在乃至未来连贯起来。

第三，用多种方式去呈现历史。2001年记录恒源祥历史的20集电视连续剧《与羊共舞》问世，之后我们又有了报告文学《羊行天下》（2006年）、《羊神》（2009年），单田芳播讲的评书《老店风云》（2007年）、电视评书《羊神》（2012年）。

现在我们已经建立起自己的传播体系，社会上有的，我们内部基本都有，特别是新媒体、自媒体的传播，是大家这些年工作的重点。我们一定不能故步自封，时代发展、技术进步都很快，消费者获取信息的方式一直在更新，我们要在传承的基础上，时刻保持对发展的敏感性，始终保持在消费者主流信息的获取通道内。此外，我们要懂得融合，传播工作以前文字是文字、视频是视频，好像互不搭界。但未来融合的程度将越来越高，现在在手机上，文字、图片、音频、视频都集于一身，未来还将融合更多的形式，例如AR、VR等，所以我们要养成融合、协作的习惯。

最后，我想记录历史、再现历史，关键是要有精彩的内容，而内容需要策划。如19世纪法国曾出版一张小报，定位100年只出一期，吸引了全世界的关注。恒源祥是否也能去做类似的事情呢？什么形式不重要，重要的是我们思考未来，让惊喜"潜伏"。贯通过去的，留下当下的，设计未来的。这种坚持和执着的精神是立志做百年、千年品牌的保证。

进入21世纪之初时，我曾说过恒源祥要成就"八个一"工程：一支歌、一首诗、一幅画、一本书、一个故事、一部戏、一个奇迹、一种传说。目前来看，有些已经做了，有些还没有完成，所以我们还要继续努力,希望在恒源祥百年诞辰之时,恒源祥会成就更多的精彩。

立得住,传得开,留得下

● 立得住、传得开、留得下的东西是什么样的呢

2500年前的伟人和哲人虽然故去,但他们的思想与文化至今为人们所记忆与延续。

伟人和哲人虽然故去,但是这些思想与文化都是立得住、传得开、留得下的。我们做文化与品牌的探索与研究,正是要朝这个方向努力。所谓立得住,就是要经得起推敲;传得开,就是能够广泛传播;留得下,就是在传播的基础上能够传承下来,成为历史的一部分,在未来仍然能够持续发挥它的作用。

那么能够立得住、传得开、留得下的东西是什么样的呢?我的回答很简单:好看、好玩、好用。

雅思贝尔斯提出的"轴心时代"非常有名,他把公元前500年前后,在中国、西方和印度地区涌现的文化繁荣时期称为"轴心时代"。在漫长的历史征程中,人们经历了军事战争、政治变革抑或科学技术的爆炸,直到今日,却还延续着那时的生活方式。我们在探索文化的过程中,总是要追溯到那个时代,那些生活方式。他们留

下了许多著作典籍，让后人参悟与传承。

● **文化个性的"容"不仅立得住，而且还传得开**

许多年来，我与非常多的专家学者交流沟通，共同探索出"文化是习惯""品牌是记忆""文化从来源于天、地、人、信仰、制度五个方面"等初步的理论框架，这就是我们想做的"立得住"的东西。我常跟这些学者专家们说，如果有人可以找到文化来源的第六个方面，并且得到专家组的认可，奖励100万人民币。到目前为止，已经有几位专家来挑战了，但是这笔奖金还没有发放出去。因为一个立得住的东西必须经得起推敲，能够得到大家的认可。

当我们做国家文化个性研究的时候，我经常要求大家用一个字来概括。许多年前，美国的某位副国务卿来访中国，想与中国民间人士谈一谈有关知识产权的事情，我就是其中的一员，与他共进早餐。当时我们一起聊了很多，其中有一个片段令人印象非常深刻。

> 我问他，这世界上有两个国家，拥有相同的天、地、人三个因素，那就是美国与中国，它们所处的纬度相同，都地大物博、资源丰富，人口也是由多民族组成的。美国是当下世界的一流国家，但中国仍处在发展中阶段，这是由于两个国家的不同文化个性造成的。那么让美国成为世界一流国家的文化个性是什么呢？

当时他回答了很多因素,我回应道:"您能否用一个字来概括?"只见他思索了一会儿,似乎难以概括,便想听听我的解释。于是我告诉他一个字:容。他一听,立马滔滔不绝地开始讲述,连翻译都跟不上他的速度。我继续问道:"您刚刚说了很多,那么能否用一句话来解说这个'容'字呢?"有了前车之鉴,他尚未斟酌便做了一个"请"的手势。我便再度解释道:美国是一个让世界有梦想的人都梦想成真的地方。那一年,奥巴马成为美国总统,有许多议员甚至州长都是华裔。

我们可以通过一个字,以及围绕这个字再展开解说,能够让别人印象更加深刻,我相信凡是听过这个故事的人,永远都不会忘了这个"容"字。它不仅仅立得住,而且还传得开。

我们正处在一个信息爆炸的时代,每天从手机上、网络上接触繁复的消息、知识,久而久之,对经典厚重的书籍逐渐失去了耐心。我们要学会把复杂的东西变得简单,用每个老百姓都能听懂的语言去表述,通过非常经典的一个字,然后对这个字再用一句话解说,再用一段话、一篇文章、一本书来品读,这样更能让别人记住,并流传开来。

● 唯有成为一种生活方式,才算真正成为历史的一部分

想要从传播更进一步变成传承,则需要让它成为文化、成为习

惯、成为一种生活方式。这就是我常说的了解文化、了解命运，改变文化、改变命运。唯有成为一种生活方式，才算真正成为历史的一部分。

前面所提到的三个地区的生活方式，现在从文化、哲学、艺术、生活与运动这几个角度将其归结为搏击、太极和瑜伽三种表现方式。不以通俗单一的方式去理解它，而是全方位的。以太极表现方式为例，它不仅仅是一种运动，我们还要探索这种方式中的衣食住行、琴棋书画、花鸟虫草、风景园林、中医中药、养生保健等各个方面是怎么样的，要把这些做成好看、好玩、好用的东西出来，让它成为一种新的生活方式。

好看讲究一定的艺术性，这不仅仅是视觉上的欣赏，更应该是感观上的体验，让人体验到这个东西是美的，是有无形价值的。好玩则是让人能够在某件事或某个事物上面感受到快乐，乐意去传播它、传承它。好用讲究的是科学性、工艺性，我们要善于发现那些人们平常忽视的需求，并结合一定的技术，让一个东西好用。所以将一个理念、一件物品、一件事做到好看、好玩、好用，就能够让它立得住、传得开、留得下。

通过讲"立得住、传得开、留得下、好看、好玩、好用"这十五个字，希望大家能够去思考，我们在探索文化和品牌的过程中，要朝着什么样的方向去努力，通过什么样的方式去开展工作。

IX 坚定文化与品牌道路，向全球化品牌奋进

坚定文化与品牌道路

● 不忘初心，主动寻找痛苦、磨难、挫折、挑战

过去恒源祥选择品牌的道路不是因为先知先觉，而是在不知何去何从的时候选择了做品牌，可谓歪打正着，真的选对了。但第四个30年，恒源祥该怎么办呢？

从1995年开始，我就开始探索品牌。因为恒源祥有一段时期是一家国有企业，在1993年并入一家上市公司，期间我们经历了世界上大部分企业经历过的痛苦、磨难、挫折和挑战，但我们没有被这些影响；相反，我们把那些看作是社会给予恒源祥发展的机会和台阶。2001年恒源祥完成MBO收购、转换体制，到了可以

完全掌握自己命运的时候，此后我们一路实践，走出了一条被社会绝大多数认同的品牌发展之路。如今中国很多企业把我们作为学习的榜样。

● 坚持用文化经营品牌，变时代趋势为发展优势

探索品牌文化为恒源祥发展指明了方向。2004年恒源祥联合体成立，在大会上我们就提出了要从加盟体走向联合体，从联合体走向利益共同体，最终走向命运共同体。2017年我们发布了《恒源祥命运共同体建设宣言》，意味着此后用30年的时间，也就是到恒源祥120周年诞辰的时候，初步建成完善的恒源祥命运共同体，打造恒源祥文化。

为什么要设计这样的战略路径？这可以从宏观——区域层面、中观——组织层面和微观——个人层面做分析。

一、区域——全球化、心时代不可阻挡

我们处在人类社会，也包括我们国家高速发展的伟大时代。遇上这样的机遇是我们的幸运，可以有巨大的空间发展我们的品牌。未来整个社会的发展趋势对我们而言最大的机会在于如何把握文化上的机遇，所以我们将会继续加大对文化的探索。

整个世界正快速地向全球化发展。2002年，恒源祥在招聘管理层时，我出了一道面试题——恒源祥英国造。经过十多年的发展，从2016年开始实施了恒源祥全球造。2003年恒源祥召开大会，提出的主题是"心时代"，今天我们已经步入心时代。我们的生活方

式在改变，我们的需求也在改变，我们从物质需求转换到21世纪的心理需求，即将转换到下一世纪的精神需求。物质时代、心理情感时代、精神思想时代，它不是哪一个主体可以独霸。世界在全球化的过程中，国家的界限将会变得越来越模糊。恒源祥在2000年到2001年起草《恒源祥21世纪战略蓝图》时就提出：未来推动人类社会进步的已经不是那些政治家、经济学家、哲学家，而是企业家。在全球化不可逆转的进程中，企业的出路一共有五条：第一条出路，成为第一，只有第一才能存活下去，世界没有给第二留下位置；第二条出路，成不了第一，那就帮第一打工；第三条出路，一个全球化没有到达的地方；第四条出路，不可能全球化的地方，但这个可能将会越变越小；第五条出路，那就是死亡。全球化的号角已经在我们生活的方方面面吹响。恒源祥作为一个实足本土化，还没有走向国际市场的公司，如果我们不在这个方向上去努力，未来将没有出路。所以这一个30年，我们不仅仅要实施全球造，还要让其的品牌走向全球。

二、组织——用品牌的方法延展产业

多家与恒源祥一样做毛线的中国规模最大、最有名的企业，今天一家都不存在了。恒源祥能走到今天是因为在1997年，恒源祥从绒线产业开始向纺织服装领域延展，但没有跨界延展；此外，还选用了做品牌的方法来延展，获得基本成功。综观中国其他行业，能在原行业里延展并获得成功的企业为数不多。

在物质消费的时代，人们会讲究产品的功能、材料、质量、款式、色彩，但如果我们用这些信息和消费者沟通，消费者只会对产品的这些属性有记忆。众所周知，全世界的消费者有一个共同的爱好——喜新厌旧！一个企业不可能永远是新的，我们当时选择不做产品广告，只宣传恒源祥的品牌，让消费者知道我们是有科技的，我们有国家级企业技术中心；我们是有质量的，我们拿了全国质量奖；我们是有活力的，我们赞助了体育事业；我们是有爱心的，我们做慈善公益活动：为了凝聚品牌与爱心的力量，我们坚持每年把盈利的10%用于公益慈善事业，永葆一颗慈善之心，与公益慈善事业结下了深情厚谊。"恒源祥"这三个字不仅代表着美好的寓意，更蕴含着与公益慈善和社会责任深厚的缘分。恒源祥连续十多年开展的"恒爱行动"和"恒源祥文学之星"中国中学生作文大赛都显示出了恒源祥对公益慈善事业的坚持。所以当消费者对产品喜新厌旧的时候，我们就可以不断换新的产品上去，继续与消费者保持联系和互动。这就是我们为什么没有被淘汰的原因。

此外，我们在做品牌的过程中，总结经验，形成了品牌价值创造和品牌价值实现的循环法则，作为方法论指导我们的实践，让我们具备条件和能力在未来向其他产业跨界拓展。

多年来，同行业中的一些企业慢慢销声匿迹了，在我们联合体内部也有许多离开的、淘汰的，究其原因，就是因为他们没有选择或者没有学会如何做品牌。经验告诉我们，恒源祥在过去的发展当中做出的最正确的选择就是做品牌。第四个30年我们也是做这样一件事情——用文化的方法做品牌。

三、个人——优秀的个人品牌是成功的保障

为什么有些人成功了，有些人没有成功？其实很简单，还是你有没有选择走品牌这条道路。国家、企业、个人品牌需要优秀的文化来支撑。

技术的发展，让判断一个人的好坏可以通过"刷脸"来实现。一个人的一切言行未来都将成为数据被保存并能被检索。在全部数据化的时代，做了坏事想要别人不知道，几乎不可能。所以我们未来能不能在这个社会生存下去，关键在于能不能把自己的文化建设好，把信誉树立起来。在我们联合体里面有些工厂和经销商，对自己的信用不够重视，个人品牌没建设好，给合作伙伴和消费者留下不好的记忆，一检索，大家都知道，所以他们做不大，做不长。

● 产品、产业、行业的发展密码

我们从宏观、中观和微观分析了自身面临的机遇，再从产品、产业和行业角度来看看，我们的未来在哪里。

一、产品——我们卖什么给消费者，我们的消费者到底是谁

请大家忘记我们具体是做什么产品的。我们更应该思考产品是以什么样的内涵卖给消费者，消费者到底是谁。追问自己这些问题，结果有时候会出乎我们的意料。

我给大家举几个例子。风靡世界的维密秀，消费者是谁？是女性吗？并非完全如此。女性穿上时尚、性感的内衣，大部分时候是给男性看的，所以维密秀还有一部分真正的消费者是男性而非女性，这是心时代的商业逻辑。同

理，研究证明出生 6 个月内的婴儿是没有味觉的，那婴儿奶粉是卖给谁的？不是宝宝而是妈妈，妈妈给宝宝喂奶粉时总是先尝一尝烫不烫，对不对？

所以我们一定要先搞清楚这两个问题。如果我们不能转变思路，我们就会死在物质时代，死在人们对情感需要的时代。

二、产业——跨界让技术与文化融合

我们要跟上时代发展，必须加强学习，特别要让自己和社会有更多跨界的接触，跨界的交流，跨界的合作。

我们要紧密关注这个时代内涵的突变式发展，新材料、新能源、生命科学、人工智能，还有量子技术等将会深入到我们生活的方方面面，影响未来人类的生活。

大家都在讲的人工智能、机器人、无人驾驶技术等的发展将会替代人类的许多工作。比如美国 IBM（国际商业机器公司）设计了一套选购股票、基金的算法，人类股票分析师根本不能与其相比，这项技术一旦大范围推广，就意味着很多"高端人才"也会失去岗位。今天我们说人工智能的发展是在解放我们的劳动力，解放之后我们要做些什么呢？如果不提高自己，不改变自己，人类如果不具有不可替代性，那以后就是帮机器人打工，而且这个时代很快就会来临。所以我们不能忘记自己是从事品牌的，是从事文化建设的；我们是卖文化的，是卖品牌的。我们要用自己的所长，跨界对接新技术、新材料、新变化，使其成为一种品牌和文化元素，这是我们要追求的。

三、行业——携手国际武联，打造人类新生活方式

恒源祥集团和国际武术联合会已经签订全球合作伙伴的战略合约，和国际武术联合会共同成长。恒源祥选择武术项目，是有历史原因的。它从品牌诞生开始，就开始赞助体育，参与体育，而且也有自己的体育项目，比如恒源祥桥牌俱乐部。曾经有人问我，恒源祥赞助足球这么多年为什么不选择足球。恒源祥确实在2006年退出了足球的赞助，但是将12磅纯金打造的中超冠军杯——火神杯永远留在了那里。而后之所以选择武术而不是足球，是因为我们看到武术与人的生活方式的关系更为紧密，恒源祥在武术运营过程中，可以找到更多机会。

恒源祥与国际武联的合作，重点在于将恒源祥做品牌、做文化的经验提供给国际武联，用文化的方法打造武术品牌，整个战略准备实施三方面的工作：武术品牌的建设、武术品牌的推广、武术品牌的授权。恒源祥成立了国际武术有限公司，筹备成立国际武术基金会，这个组织不是属于恒源祥的，是社会性的。恒源祥联合体成员及其家人、朋友，还有外国友人，都可以作为国际武术基金会的发起人。只有大家一起参与其中，才能有更大的机会，在这个体系中去找到自己可持续发展的路径。

未来这个体系的内涵是以太极为核心（太极不仅仅是太极拳），以武术为基础、为载体，营造一种人类全新的、快乐的生活方式。让人们在物质层面、心理的情感层面、精神的思想层面得到完整的满足。这种生活方式涵盖的内容我们可以持续探索，因为生活方式是一个大的体系，里面的机遇是无限的，恒源祥正在进行着持续的规划。

文化与品牌探索规划

● **如何能够先知先觉地走好文化品牌之路**

我经常说，随着时代的变迁，那个卖毛线的小商店已经湮没在历史的河流中，批发部也逐渐淡出人们的视野，但是"恒源祥"三个字却永远地留存下来，成为历史的一部分。正是选择了用品牌的方法去做毛线，用文化的方法去做品牌，恒源祥才得以一步步成长到今天。但是，这条道路是我们在不知不觉中走过来的，而如何能够先知先觉地走好文化品牌之路呢？为此，2010年，我离开恒源祥集团总经理的岗位，专心致志地探索文化与品牌，想知道"文化从哪里来""品牌从哪里来"。2020年，文化与品牌探索的第一阶段圆满落下帷幕；2021年，第二阶段在时代的呼声中启动。

在第一个十年间，除了与中国社会科学院、北京大学、中国艺术研究院等合作开展品牌和文化课题研究，恒源祥还举办了许多文化品牌方面的活动。从2009年开始，我们与中国科学院北京生命研究所、北京大学心理与认识科学学院、美国莫内尔研究中心等机构开展合作，并直到2016年，分别在北京、费城、香港、苏州等城市共举办了七届全球感官品牌论坛。近年，我们又连续举办了擘雅研修班，100余位青年学者成为我们的学员，有近50位专家来到擘雅的平台进行授课。同时，我们也成功地和北京大学政府管理学院、三亚学院一起举办了四届全球城市文明与城市创新论坛，并设立擘雅城市文化·品牌论坛。联合培养博士后的工作也成果丰硕,已有研究品牌文化的多名博士后进站,往后我们还将继续在文化发展、社会活动、教育培训、人才培养上贡献自身的力量。

可以看到,第一个十年我们完成了大量基础性的研究工作。在文化与品牌课题的研究过程中,前后已经有200多位专家学者参与其中,在第二个十年,我们在重点探索"文化到哪里去""品牌到哪里去"。在这个基础上,我们还要持续深入,形成一套完整的指标体系。比如,在"地"这个概念中,有许多可以细分的领域,例如水文循环、地形地貌、矿产能源、生物活动等每一个空间上的环节,我们都计划进行分析,并给予评分与加权系数。将"天、地、人、信仰、制度"五要素的指标,综合成一个完整体系后,我们就可以清晰地看到文化是怎么一回事,从而判断文化会走向何处。因此,我们现在与各个高校、研究机构的合作,以及所开展的活动,包括擘雅研修班、擘雅讲谈、擘雅城市文化论坛等,都将围绕这个目标进行。

我们对身、心、身三种生活方式的发掘也步入正轨,从运动、生活、艺术、哲学、文化五个层面,对搏击、太极、瑜伽进行探索,博士后项目也在这个层面继续推进。对生活方式的理解其实也是对习惯、文化的理解,两者是密不可分的。

● **文化规划和品牌规划**

判断文化和品牌的走向是非常重要的一件事,我发现我们大部分的地区,现在基本上都没有文化规划和品牌规划。我理解的文化规划和一般意义上的规划是不一样的，我们平常所提到的诸如城市建筑规划、园林规划等一系列的项目工程，里面确实存在着文化的成分，但是从宏观上来讲，缺乏文化规划，文化似乎只是为了配套这些工程而出现。我理解中的文化规划不仅仅是简单的产品、产业、行业上的战略走向，其实更是一个区域、组织与个人的记忆塑造。所以未来我们要做的事情就是来做真正的文化与品牌规划，服务于这些区域、组织和个人，共同走一条持续性的、开拓性的道路。

以此为方向，我们第一步要完成的就是恒源祥的文化与品牌规划。我们面向恒源祥的员工，开设擘雅研修班，讨论恒源祥全球化与全球造的文化规划，并不断完善这个课题，形成文化与品牌报告；以此为出发点，再服务于更多的组织、机构和地区，最终目的是做出有持续影响力的文化学院与品牌学院。

与此同时，我们举办国际国内论坛，开展更多的研修班、论坛、沙龙、座谈来交流探讨，共同学习。

当然，我要强调，我们的课题研究，内容与政党、宗教及民族无关，我们是研究文化与品牌、习惯与记忆。在这个过程中，我们发现它们与信仰和制度有绕不开的关联，所以我们需要对这几者有所认识。

文化是习惯，品牌是记忆。

文化决定命运，品牌决定财富。

在这第二个十年中，恒源祥与擘雅将全面擘画文化与品牌的未来！